Qualitätskennzahlen (QKZ) und Qualitätskennzahlen-Systeme

Ausgearbeitet von der Arbeitsgruppe 23
„Qualitätskennzahlen"
der Deutschen Gesellschaft für Qualität e.V.

Deutsche Gesellschaft für Qualität e.V. (DGQ)
August-Schanz-Straße 21A, 6000 Frankfurt am Main 50

1990

DGQ 14-23
Qualitätskennzahlen (QKZ) und Qualitätskennzahlen-Systeme

2. Auflage 1990

Hrsg.: Deutsche Gesellschaft für Qualität e.V. Ffm.
Berlin, Beuth Verlag GmbH
1990, 65 S., A 5, brosch., ISBN 3-410-32824-6

1. Auflage 1984
ISBN 3-410-32788-6

Haftungsausschluß

DGQ-Schriften sind Empfehlungen, die jedermann frei zur Anwendung stehen. Wer sie anwendet, hat für die richtige Anwendung im konkreten Fall Sorge zu tragen.

Die DGQ-Schriften berücksichtigen den zum Zeitpunkt der jeweiligen Ausgabe herrschenden Stand der Technik. Durch das Anwenden der DGQ-Empfehlungen entzieht sich niemand der Verantwortung für sein eigenes Handeln. Jeder handelt insoweit auf eigene Gefahr. Eine Haftung der DGQ und derjenigen, die an DGQ-Empfehlungen beteiligt sind, ist ausgeschlossen.

Jeder wird gebeten, wenn er bei der Anwendung der DGQ-Empfehlungen auf Unrichtigkeiten oder die Möglichkeit einer unrichtigen Auslegung stößt, dies der DGQ umgehend mitzuteilen, damit etwaige Fehler beseitigt werden können.

CIP-Titelaufnahme der Deutschen Bibliothek

Qualitätskennzahlen (QKZ) und Qualitätskennzahlen-Systeme
/ ausgearb. von d. Arbeitsgruppe 23
„Qualitätskennzahlen" d. Dt. Ges. für Qualität e.V. –
Dt. Ges. für Qualität e.V. (DGQ). – 2. Aufl. – Berlin: Beuth, 1990
  (DGQ ; Nr. 14, 23)
  ISBN 3-410-32824-6
NE: Deutsche Gesellschaft für Qualität / Arbeitsgruppe Qualitätskennzahlen;
Deutsche Gesellschaft für Qualität: DGQ

Nachdruck und Verfielfältigungen, auch auszugsweise,
nur nach vorheriger Genehmigung der DGQ © 1990

Inhalt

Seite

Vorworte

1	Einleitung	7
2	Begriffe	9
3	Entscheidungstabelle zur Auswahl von QKZ-Systemen	13
4	QKZ-Systeme mit Fehlergewichtung für allgemeine Anwendung	17
5	QKZ-Systeme mit Gewichtung der Fehler (bei Einheiten mit mehreren möglichen Fehlern)	23
6	QKZ-Systeme mit Gewichtung der Anzahl fehlerhafter Einheiten	33
7	QKZ-Systeme ohne Fehlergewichtung mit prozentualer Aussage	41
8	QKZ-Systeme mit mehreren Ausgangsgrößen	43
	Literatur	63
	Faltblatt: Entscheidungstabelle	65

Vorwort zur 1. Auflage

Die Qualität eines Produktes ist nicht direkt meßbar. Sie ergibt sich aus den Werten der qualitätsrelevanten Merkmale und Eigenschaften. Noch weniger ist die Qualität einer Lieferung von Serienprodukten direkt meßbar. Umso mehr besteht der Wunsch und der Bedarf, die Qualität durch eine Zahl auszudrücken. So haben verschiedene Unternehmen auf ihre Bedürfnisse zugeschnittene Qualitätskennzahlen und die zu ihrer Ermittlung erforderlichen Systeme entwickelt.

In der Fachliteratur findet man nur eine begrenzte Anzahl von Qualitätskennzahlen-Systemen, in der Praxis kommen jedoch viele Varianten zur Anwendung.

Diese in übersichtlicher Form zusammenzustellen und sie im Hinblick auf ihre Übertragbarkeit mit ihren Einsatzmöglichkeiten, Vor- und Nachteilen zu beschreiben und zu interpretieren, war die Aufgabenstellung, mit der die DGQ-Arbeitsgruppe 23 „Qualitätskennzahlen-Systeme" eingesetzt wurde. Die Arbeitsgruppe hat diese ihr gestellte Aufgabe mit großer Sachkenntnis, Übersicht und viel Engagement gelöst. Dabei konnte und sollte es nicht Aufgabe der Arbeitsgruppe sein, die verschiedenen Qualitätskennzahlensysteme zu vereinheitlichen.

Am Entstehen der vorliegenden DGQ-Schrift waren die Herren beteiligt:

Dipl.-Phys. H.-G. Bischoff	Fürth
Dipl.-Ing. (FH) H. Fuhr	Deutsche Gesellschaft für Qualität e. V., Frankfurt/Main
Obering. D. Gaster	Glyco-Metall-Werke Daelen & Hofmann KG, Wiesbaden
Dipl.-Ing. H.-H. Goertz	Brown, Boveri & Cie AG, Ladenburg
Dr.-Ing. F. Goubeaud	Unternehmensberater, Wetzlar
Dr.-Ing. U. Nebe (Obmann)	Calor Emag AG, Ratingen
Dipl.-Ing. (FH) Ch. Ranke	AGFA-Gevaert AG, München
Ing. (grad.) K. F. Zellmann	VDO Adolf Schindling AG, Schwalbach

Ihnen gilt der Dank der DGQ und die volle Anerkennung der zahlreichen Interessenten dieser Schrift.

Frankfurt am Main, im September 1984

Deutsche Gesellschaft für Qualität e. V.
Dr.-Ing. W. Hansen
Vorsitzender

Vorwort zur 2. Auflage

Seit Erscheinen der 1. Auflage der vorliegenden DGQ-Schrift 14-23 sind sechs Jahre vergangen. Dabei hat sich die praktische Bedeutung von Qualitätskennzahlen und -Systemen im Laufe der Zeit verstärkt: Qualitätskennzahlen werden heute zunehmend bei der Bewertung von QS-Systemen, insbesondere bei der Beurteilung der Qualitätsfähigkeit von Lieferanten herangezogen. Sie dienen aber auch verstärkt zur Hilfe bei der quantitativen Beurteilung der eigenen Qualitätslage u. a. mehr.

Der Inhalt dieser Schrift wurde außer der Berichtigung einiger Druckfehler unverändert gelassen.

Frankfurt am Main, im Juni 1990
Deutsche Gesellschaft für Qualität e.V.
Dr.-Ing. W. Hansen
Vorsitzender

1 Einleitung

Es war schon immer eine Aufgabe des Qualitätswesens, die Qualität der Produkte durch Qualitätskennzahlen zu beschreiben. Dies ist in den letzten Jahren durch intensives Arbeiten an dieser Thematik trotz vieler Wenn und Aber bedeutend weiterentwickelt worden. Immer mehr werden die Qualitätskennzahlen zur Qualitätsinformation verdichtet und für Trenddarstellungen verwendet.

Mit der Anwendung von Qualitätskennzahlen-Systemen werden vier wesentliche Ziele verfolgt:
- Aufbau eines Instrumentariums zur Lenkung des Organisationsgeschehens
- Aufzeigen der Qualitätslage und Erkennen von Schwachstellen
- Anstöße zu Qualitätsverbesserungsmaßnahmen
- Motivation zur Leistung.

Zur Erreichung dieser Ziele dient folgende Vorgehensweise:
- Erfassen von Qualitätsdaten
- Sortieren der Qualitätsdaten nach vorher festgelegten Kriterien
- Verdichten der Qualitätsdaten und Auswerten in Form von Qualitätskennzahlen
- Vergleich mit festgelegten Qualitätsstandards
- Vereinbarung des Qualitätsniveaus
- Bildliche Darstellung zur Motivation
- Einleiten von Maßnahmen bei Nichterfüllung der Qualitätsforderung.

Die Anwendung von Qualitätskennzahlen-Systemen ist in folgenden Bereichen denkbar:
- Eingangsprüfung
  (Qualitätskennzahlen dienen zur Bewertung von Lieferanten und Lieferungen)
- Fertigungsprüfung
  (anwendbar auf Prozesse und Produkte sowie in Abteilungen, Werken und Bereichen)
- Übergeordnete Produktprüfung
- Endprüfung
- Kundendienst.

Die vorliegende DGQ-Schrift enthält eine Übersicht über Qualitätskennzahlen-Systeme, die in der Praxis Anwendung finden.
In Kurzbeschreibungen und anhand von Beispielen werden Einsatzmöglichkeiten und die Eignung dieser Systeme deutlich gemacht. Bei der Zusammenstellung, die keinerlei Anspruch auf Vollständigkeit erhebt, wurde versucht, zwar die Darstellungsweise zu vereinheitlichen, nicht aber die Qualitätskennzahlen-Systeme. Lediglich gewisse in der Praxis angewandte Qualitätskennzahlen-Systeme, die sich bis auf die Bezeichnungsweise gleichen, wurden zusammengefaßt. Bei dieser Vorgehensweise wurde bewußt eine neutrale Bezeichnung der Qualitätskennzahlen-Systeme gewählt.

Qualitätskosten können gewissermaßen als Qualitätskennzahlen angesehen werden. Auf reinen Qualitätskosten basierende Qualitätskennzahlen-Systeme sind wegen der Vielfalt der Bezugsgrößen in dieser Schrift nicht behandelt. Die DGQ-Schrift 14–17 enthält Rahmenempfehlungen zur Definition, Erfassung und Beurteilung von Qualitätskosten.

Mit der vorliegenden DGQ-Schrift soll demjenigen, der sich erstmals mit Qualitätskennzahlen, den zugehörigen Systemen und ihren Möglichkeiten befaßt, eine bessere Übersicht geboten und so die Entscheidung für die Auswahl entsprechend dem Anwendungsfall erleichtert werden.

In dieser Schrift wird anstelle der Worte „Qualitätskennzahl" oder „Qualitätskennzahlen" die Abkürzung „QKZ" verwendet.

2 Begriffe

Die vorliegende DGQ-Schrift verwendet – soweit möglich – die Fachterminologie, wie sie in der DGQ-Schrift 11–04 „Begriffe und Formelzeichen im Bereich der Qualitätssicherung" festgelegt ist.

2.1 Begriffe aus der DGQ-Schrift 11–04

Der in der vorliegenden Schrift besonders häufig verwendete Begriff „Fehler" und seine Untergruppierungen bzw. Wortverbindungen sind in der DGQ-Schrift 11–04 definiert. Die Definitionen sind nachfolgend in gekürzter, für den Geltungsbereich der vorliegenden Schrift relevanter Form wiedergegeben.

2.1.1 Fehler

Nichterfüllung einer Forderung.

Die Verwendbarkeit einer Einheit ist durch einen Fehler nicht notwendigerweise beeinträchtigt. Vom Fehler ist der Begriff des Mangels zu unterscheiden, der stets eine Beeinträchtigung der Verwendbarkeit bedeutet:

Einen Mangel weist nach § 549 BGB eine Sache auf, wenn sie „mit Fehlern behaftet ist, die den Wert oder die Tauglichkeit zu dem gewöhnlichen oder dem nach dem Vertrag vorausgesetzten Gebrauch aufheben oder mindern". „Nicht in Betracht" kommt als Begründung für einen Mangel ein Fehler, der nur „eine unerhebliche Minderung des Wertes oder der Tauglichkeit" zur Folge hat.

2.1.2 Fehlergewichtung

Die Fehlergewichtung bedeutet die „Einteilung der bei einer Einheit möglichen Fehler in Fehlergewichtsklassen nach einer Fehlerbewertung, die an der Bedeutung des Fehlers für die Organisation zur Realisierung der Einheit ausgerichtet ist".

Fehlergewichtsklassen können auch nach einer anderen Fehlerbewertung eingeteilt werden, beispielsweise nach den Auswirkungen eines Fehlers in der Fertigung.

2.1.3 Fehlerklassifizierung

Die Fehlerklassifizierung bedeutet die „Einstufung möglicher Fehler in Fehlerklassen nach einer Bewertung, die an den Fehlerfolgen ausgerichtet ist".

International üblich ist eine Klassifizierung der bei einer Einheit möglichen Fehler in Fehlerklassen gemäß Unterabschnitt 3.2, wie sie beispielsweise auch in DIN ISO 2859 Teil 1 festgelegt ist.

2.1.3.1 Kritischer Fehler

Ein kritischer Fehler ist ein „Fehler, von dem anzunehmen oder bekannt ist, daß er voraussichtlich für Personen, welche die betreffende Einheit benutzen, instandhalten oder auf sie angewiesen sind, gefährliche oder unsichere Situationen schafft; oder ein Fehler, von dem anzunehmen oder bekannt ist, daß er voraussichtlich die Erfüllung der Funktion einer größeren Anlage verhindert, wie z. B. die eines Schiffes, eines Flugzeuges, einer Rechenanlage, einer medizinischen Einrichtung oder eines Nachrichtensatelliten."

Anmerkung der Arbeitsgruppe:
Bei einigen der in dieser Schrift aufgeführten QKZ-Systemen besteht die Gefahr, daß kritische Fehler nicht ihrer Bedeutung entsprechend ausgewiesen sind. Es ist deshalb ratsam, das Vorhandensein eines kritischen Fehlers in der Bewertung dadurch hervorzuheben, daß man z. B. die Qualitätskennzahl (QKZ) zu Null setzt oder entsprechend kennzeichnet.

2.1.3.2 Hauptfehler

Ein Hauptfehler ist ein „nichtkritischer Fehler, der voraussichtlich zu einem Ausfall führt oder die Brauchbarkeit für den vorgesehenen Verwendungszweck wesentlich herabsetzt".

Bei Bedarf können Hauptfehler in zwei Klassen unterteilt werden:

Hauptfehler A: vollständige Beeinträchtigung der Brauchbarkeit, Ausfall oder Verlust
Hauptfehler B: teilweise Beeinträchtigung der Brauchbarkeit.

2.1.3.3 Nebenfehler

Ein Nebenfehler ist ein „Fehler, der voraussichtlich die Brauchbarkeit für den vorgesehenen Verwendungszweck nicht wesentlich herabsetzt, oder ein Fehler, der den Gebrauch oder Betrieb der Einheit nur geringfügig beeinflußt".

Bei Bedarf können Nebenfehler in zwei Klassen unterteilt werden:

Nebenfehler A: Beeinträchtigung der Brauchbarkeit in geringem Umfang
Nebenfehler B: keine Beeinträchtigung der Brauchbarkeit.

2.1.4 Fehlerhafte Einheit

Eine fehlerhafte Einheit ist eine „Einheit mit einem Fehler oder mit mehreren Fehlern".

Die Anzahl der festgestellten Fehler kann größer als die Anzahl der untersuchten Einheiten sein.

2.1.5 Klassifizierung fehlerhafter Einheiten

Hierunter wird die „Zuordnung einer fehlerhaften Einheit zur höchsten Fehlerklasse, zu der die Einheit nach einem ihrer Qualitätsmerkmale gehört", verstanden. Man spricht von einer „Einheit mit kritischem Fehler" einer „Hauptfehlereinheit" und einer „Nebenfehlereinheit".

2.1.6 Los

„Teilgesamtheit eines Produktes, die unter Bedingungen entstanden ist, die als einheitlich angesehen werden".

Bei dem Produkt kann es sich beispielsweise um Rohmaterial, um Halbzeug oder um Endprodukte handeln.

2.1.7 Einheit

Unter Einheit versteht man einen „materiellen oder immateriellen Gegenstand der Betrachtung". Es kann z. B. eine Kugel, ein Kugelkäfig oder ein Kugellager sein.

2.2 Weitere Begriffe

Da die vorliegende Schrift auch Fachausdrücke verwendet, für die es bisher noch keine Definition gab, erwies es sich als notwendig, diese für den Geltungsbereich dieser Schrift zu definieren.

2.2.1 Qualitätskennzahl (QKZ)

Relativer oder normierter, entsprechend dem ausgewählten Qualitätskennzahlensystem ermittelter Kennwert zur Beurteilung der Qualität einer Serienfertigung.

Anmerkung 1: Für die Qualitätskennzahl – im Singular oder Plural – wird in dieser Schrift nur die Abkürzung QKZ verwendet.

Anmerkung 2: QKZ verschiedener QKZ-Systeme sind nicht oder nur bedingt miteinander vergleichbar.

2.2.2 Qualitätskennzahlensystem (QKZ-System)

Ein in sich geschlossenes Bewertungssystem, das unter Bilden von Fehlerklassen und/oder der Verwendung von gewichteten und/oder ungewichteten Fehleranteilen von Einheiten bzw. anderen relevanten Basisgrößen und unter Festlegung einer geeigneten Berechnung (Formel) die Ermittlung von QKZ gestattet.

2.2.3 Qualitätsstandard

Ein aus Vergangenheitswerten oder Schätzwerten, (z. B. mit Hilfe der Regressionsrechnung errechneter) Bezugswert, der eine Beurteilung oder quantitative Bewertung der ermittelten QKZ zuläßt.

2.2.4 Qualitätsziel

Ein als QKZ ausgedrückter Vorgabewert, der das angestrebte Qualitätsniveau darstellt.

3 Entscheidungstabelle zur Auswahl von QKZ-Systemen

Die Entscheidungstabelle (Faltblatt, Bild 3.2, Seite 65) ermöglicht es dem Anwender, unter den verschiedenen Qualitätskennzahlen-Systemen (QKZ-Systeme), die in dieser Schrift behandelt werden, das für ihn oder seinen Zweck geeignete System auszuwählen. Dabei hat jedes der vorgestellten QKZ-Systeme bei Erfüllung bestimmter Ausgangsbedingungen seine speziellen Vorzüge. Der Anwender hat vorab die Ausgangsbedingungen, unter denen er QKZ-Systeme einführen möchte, festzulegen.

3.1 Fragenkatalog zur Ermittlung der Ausgangsbedingungen in der Entscheidungstabelle

Zur Ermittlung der Ausgangsbedingungen ist das Vorgehen nach folgender Checkliste zu empfehlen:

3.1.1 Was soll durch das QKZ-System beurteilt werden?

- Beschaffungsart (Produktentstehung)
  - eigengefertigte Produkte
  - fremdbezogene Produkte
  - eigengefertigte und fremdbezogene Produkte

- Serienumfang
  - in Einzel- und Kleinserienfertigung hergestellte Produkte
  - in Serien- und Massenfertigung hergestellte Produkte

- Einheitenart
  - Einzelteile und Baugruppen
  - Geräte und Anlagen

- Abnehmerreklamationen
  - ja
  - nein

3.1.2 Welche QKZ-Ausgangsgrößen stehen zur Qualitätsbeurteilung zur Verfügung bzw. sollen angewendet werden?

- ungewichtete oder gewichtete Anzahl von Fehlern der zu beurteilenden Produkte (Prozentsatz)
- ungewichteter oder gewichteter Anteil fehlerhafter Einheiten (Prozentsatz)
- Fehlerkosten
- Prozentsatz der angenommenen Lieferungen
  (In diesem Fall werden weder Fehlerprozentsätze noch Fehlerkosten berücksichtigt, sondern lediglich die Anzahl der jeweils beanstandeten und nicht beanstandeten Lieferungen eines Zeitraums ausgewertet.)

3.1.3 Wie soll die QKZ ausgedrückt werden?

- absolut
- relativ

3.1.4 Ist ein Vergleich mit einem Qualitätsstandard oder Qualitätsziel vorgesehen?

- ja
- nein

Einige QKZ-Systeme arbeiten in 2 Schritten. Dabei wird im ersten Schritt eine absolute QKZ ermittelt, im zweiten Schritt erfolgt dann der Vergleich mit dem Qualitätsstandard oder auch mit einem vorgegebenen Qualitätsziel.

3.2 Anwendung der Entscheidungstabelle

Bei der Anwendung der Entscheidungstabelle zur Auswahl von QKZ-Systemen (siehe Bilder 3.2.1 und 3.2.2 sowie Faltblatt, Seite 65) geht man schrittweise vor.

1. Schritt

Fragen der Unterabschnitte 3.1.1 bis 3.1.4 beantworten.

2. Schritt

Aufsuchen der Spalten, die für die gestellte Frage die richtige Antwort oder ein „Plus-Zeichen" liefern. Das „Plus-Zeichen" (+) hat eine „Sowohl-als-auch"-Bedeutung.

Wird z. B. ein Verfahren zur Beurteilung fremdbezogener Produkte gesucht, so gelten zunächst einmal alle Spalten der ersten Zeile, die durch „F" (Fremdbezug) gekennzeichnet sind; außerdem gelten alle Spalten, die bei der gestellten Frage ein „Plus-Zeichen" enthalten.

3. Schritt

In der ausfindig gemachten Spalte der Entscheidungstabelle geht man nach unten bis zu der oder den angekreuzten Zeile(n). Rechts im unteren Teil steht in dieser oder diesen Zeile(n) das für die vorliegenden Bedingungen empfohlene QKZ-System.

3.2.1 Beispiel 1:

In einem Betrieb soll für die Eingangsprüfung ein QKZ-System eingeführt werden.

Die Produkte sind in Einzel- und Kleinserienfertigung hergestellt. Die Eingangsprüfung prüft Einzelteile und Baugruppen. Die Basis für die Bedeutung soll durch den gewichteten Prozentsatz angenommener Lieferungen gebildet werden.

Es soll eine absolute Maßzahl gebildet werden, der Vergleich mit einem Qualitätsstandard bzw. Qualitätsziel ist nicht vorgesehen.

Die dunkel unterlegten Felder im Bild 3.2.1 kennzeichnen in den einzelnen Zeilen die Spalten mit den auf die Fragen für das Beispiel zutreffenden Antworten.

Die Spalten 1 und 5 sind bei allen relevanten Fragen unterlegt. Geeignete QKZ-Systeme können im unteren Teil des Bildes anhand der angekreuzten Zeilen ermittelt werden.

Es sind dies:

QKZ-System A   Abschnitt 4.1
QKZ-System B   Abschnitt 4.2
QKZ-System C   Abschnitt 4.3
QKZ-System D   Abschnitt 4.4
QKZ-System K   Abschnitt 5.4

Ausgangsbedingungen			1	2	3	4	5	6	7	8	9	10	11	12	13	14
Was soll durch das QKZ-System beurteilt werden?	Beschaffungsart	E: Eigenfertigung F: Fremdbezug	+	F	+	+	+	E	+	+	+	+	+	F	+	
	Fertigungsverfahren	E: Einzel- u. Kleinserienfertigung S: Serien- u. Massenfertigung	+	S	S	S	S	+	S	+	0	E	S	F	+	S
	Einheiten	E: Einzelteile u. Baugruppen G: Geräte u. Anlagen	E	E	E	+	+	+	G	+	+	+	E	E		
	Kundenreklamationen	J: Ja N: Nein	N	N	N	N	N	N	N	J	+	+	N	N	J	
Welche QKZ-Ausgangsgrößen stehen zur Verfügung bzw. sollen angewendet werden?	Fehlerhäufigkeiten	u: ungewichtet g: gewichtet	g	g	g	g	g	u	g	u	g	g	g	g	g	g
	Fehlerkosten	J: Ja N: Nein	N	N	N	N	N	N	N	N	N	J	N	N	N	
Art der Maßzahl?		a: absolut r: relativ	a	a	a	a	a	a	a	r	r	r	r	r	r	a
Ist der Vergleich mit einem Qualitätsstandard oder Qualitätsziel vorgesehen?		J: Ja N: Nein	N	N	N	N	J	J	J	N	N	N	N	N		

																QKZ-System	
			X														QKZ-System A	Abschnitt 4.1
				X													QKZ-System B	Abschnitt 4.2
					X												QKZ-System C	Abschnitt 4.3
						X											QKZ-System D	Abschnitt 4.4
							V						X				QKZ-System H	Abschnitt 5.2
										X							QKZ-System I	Abschnitt 5.3
									X								QKZ-System K	Abschnitt 5.4
														X			QKZ-System G	Abschnitt 5.1
			X														QKZ-System L	Abschnitt 5.5
											X						QKZ-System P	Abschnitt 6.1
				X													QKZ-System R	Abschnitt 6.2
						X											QKZ-System S	Abschnitt 6.3
									X								QKZ-System U1	Abschnitt 7.1
															X		QKZ-System U2	Abschnitt 7.2
												X					QKZ-System T	Abschnitt 6.4
													X				QKZ-System W1	Abschnitt 8.1
														X			QKZ-System W2	Abschnitt 8.2
															X		QKZ-System W3	Abschnitt 8.3
													X				QKZ-System W4	Abschnitt 8.4
															X		QKZ-System W5	Abschnitt 8.5
			1	2	3	4	5	6	7	8	9	10	11	12	13	14	QKZ-Systeme	

Anleitung zur Ermittlung des geeigneten QKZ-Systems:
- Beantwortung der Fragen.
- Aufsuchen der Spalte, die für alle Fragen die richtige Antwort oder ein Plus-Zeichen liefert. Das Plus-Zeichen (+) hat eine „Sowohl-als-auch"-Bedeutung.
- Die Kreuze im unteren Teil dieser Spalte kennzeichnen die Zeilen für die gesuchten Systeme.

Bild 3.2.1
Beispiel 1

3.2.2 Beispiel 2:

In einem Betrieb soll für die Eingangsprüfung ein QKZ-System eingeführt werden.
Die Produkte sind in Serien- bzw. Massenfertigung hergestellt. Die Eingangsprüfung prüft Einzelteile und Baugruppen. Die Ausgangsgröße für die Ermittlung eines geeigneten QKZ-Systems soll die gewichtete Anzahl fehlerhafter Einheiten sein. Ein Vergleich mit einem Qualitätsstandard oder Qualitätsziel soll vorgesehen sein.

Die dunkel unterlegten Felder im Bild 3.2.2 kennzeichnen in den einzelnen Zeilen die Spalten mit den auf die Fragen für das Beispiel zutreffenden Antworten. Die Spalte 7 ist bei allen relevanten Fragen unterlegt. Das geeignete QKZ-System kann im unteren Teil des Bildes anhand der angekreuzten Zeile ermittelt werden.
Es sind dies:
   QKZ-System I   Abschnitt 5.3

Ausgangsbedingungen			1	2	3	4	5	6	7	8	9	10	11	12	13	14
Was soll durch das QKZ-System beurteilt werden?	Beschaffungsart	E: Eigenfertigung F: Fremdbezug	+	F	+	+	+	E	+	+	+	+	+	+	F	+
	Fertigungsverfahren	E: Einzel- u. Kleinserienfertigung S: Serien- u. Massenfertigung	+	S	S	S	+	S	+	S	S	S	E	+	+	S
	Einheiten	E: Einzelteile u. Baugruppen G: Geräte u. Anlagen	E	E	E	+	+	+	+	G	+	+	+	+	E	E
	Kundenreklamationen	J: Ja N: Nein	N	N	N	N	N	N	+	J	+	+	N	N	N	J
Welche QKZ-Ausgangsgrößen stehen zur Verfügung bzw. sollen angewendet werden?	Fehlerhäufigkeiten	u: ungewichtet g: gewichtet	g	g	g	g	g	u	g	u	g	g	g	g	g	g
	Fehlerkosten	J: Ja N: Nein	N	N	N	N	N	N	N	N	N	J	N	N	N	N
Art der Maßzahl?		a: absolut r: relativ	a	a	a	a	a	a	a	r	r	r	r	r	r	a
Ist der Vergleich mit einem Qualitätsstandard oder Qualitätsziel vorgesehen?		J: Ja N: Nein	N	N	N	N	N	J	J	J	N	N	N	N	N	N

Anleitung zur Ermittlung des geeigneten QKZ-Systems:
1. Beantwortung der Fragen.
2. Aufsuchen der Spalte, die für alle Fragen die richtige Antwort oder ein Plus-Zeichen liefert. Das Plus-Zeichen (+) hat eine „Sowohl-als-auch"-Bedeutung.
3. Die Kreuze im unteren Teil dieser Spalte kennzeichnen die Zeilen für die gesuchten Systeme.

1	2	3	4	5	6	7	8	9	10	11	12	13	14	QKZ-Systeme	
X														QKZ-System A	Abschnitt 4.1
	X													QKZ-System B	Abschnitt 4.2
		X												QKZ-System C	Abschnitt 4.3
			X											QKZ-System D	Abschnitt 4.4
							X							QKZ-System H	Abschnitt 5.2
						X								QKZ-System I	Abschnitt 5.3
								X						QKZ-System K	Abschnitt 5.4
					X									QKZ-System L	Abschnitt 5.1
									X					QKZ-System L	Abschnitt 5.5
				X										QKZ-System P	Abschnitt 6.1
					X									QKZ-System R	Abschnitt 6.2
					X									QKZ-System S	Abschnitt 6.3
										X				QKZ-System U1	Abschnitt 7.1
													X	QKZ-System U2	Abschnitt 7.2
											X			QKZ-System T	Abschnitt 6.4
											X			QKZ-System W1	Abschnitt 8.1
												X		QKZ-System W2	Abschnitt 8.2
											X			QKZ-System W3	Abschnitt 8.3
												X		QKZ-System W4	Abschnitt 8.4
													X	QKZ-System W5	Abschnitt 8.5

Bild 3.2.2
Beispiel 2

4 QKZ-Systeme mit Fehlergewichtung für allgemeine Anwendung

Die in diesem Hauptabschnitt dargestellten QKZ-Systeme mit Fehlergewichtung sind allgemein anwendbar. Sie finden häufig Anwendung bei fremdbezogenen Einzelteilen und Baugruppen, die entweder in Einzel- oder Kleinserienfertigung oder auch in Serien- oder Massenfertigung hergestellt werden.

Die mit diesen Systemen ermittelten QKZ liefern bei einfachen Einheiten durchschnittlich bessere Werte als bei komplizierten. Daher kann ein Vergleich der QKZ von Einheiten unterschiedlicher Kompliziertheitsgrade zu Fehlschlüssen führen.

Der Einfluß der Losumfänge wird bei der Berechnung nicht berücksichtigt. Für Vergleiche sollte deswegen etwa gleicher Umfang der im Berichtszeitraum betrachteten Lose angestrebt werden.

4.1 QKZ-System A

Dieses System erfüllt die Ausgangsbedingungen gemäß Spalte 1 der Entscheidungstabelle.

4.1.1 Systembeschreibung

Die Bewertung der Lose erfolgt in 4 Stufen nach der Tabelle A für einen Berichtszeitraum. Mit 1, 2 oder 3 eingestufte Lose werden angenommen; eine Einstufung in 4 führt zur Rückweisung.

Bewertung der Lose		Bewertungsfaktor	
Beschreibung	Stufe	Formelzeichen	Wert
fehlerfrei	1	B_{f1}	1
mit unbedeutenden Fehlern	2	B_{f2}	5
mit erheblichen Fehlern	3	B_{f3}	30
mit schwerwiegenden Fehlern	4	B_{f4}	100

Tabelle A

Bei diesem System ist die Möglichkeit einer Rückstufung in der Bewertung vorgesehen. Die Rückstufung erfolgt bei einem aktuell festgestellten Fehlerprozentsatz

- bis 0,5 % um eine Stufe
- bis 1,0 % um zwei Stufen
- größer 1,0 % um drei Stufen.

Die Fehleranzahl wird auf die Bewertungsmenge innerhalb einer Zeiteinheit (Woche oder Monat) bezogen. Die Rückstufung erfolgt dann bei einem Los in der entsprechenden folgenden Zeiteinheit.

4.1.2 Berechnungsformel

$$QKZ_A = 101 - \frac{Z_{f1} \cdot B_{f1} + Z_{f2} \cdot B_{f2} + Z_{f3} \cdot B_{f3} + Z_{f4} \cdot B_{f4}}{Z_g}$$

Z_{fi} Anzahl der Lose in der Bewertungsstufe i im Berichtszeitraum.
Z_g Anzahl aller Lose im Berichtszeitraum

4.1.3 Extremwerte

Bestes Qualitätsniveau: $\quad QKZ_A = 100$
Schlechtestes Qualitätsniveau: $\quad QKZ_A = 1$

4.1.4 Beispiel

Es wurden 17 Lose der gleichen Einheit in einem Berichtszeitraum geprüft. Das Ergebnis ist:

Anzahl der Lose	Bewertungsfaktor	
	Formelzeichen	Wert
3	B_{f1}	1
10	B_{f2}	5
3	B_{f3}	30
1	B_{f4}	100
17		

Daraus errechnet sich gemäß Formel im Abschnitt 4.1.2:

$$QKZ_A = 101 - \frac{3 \cdot 1 + 10 \cdot 5 + 3 \cdot 30 + 1 \cdot 100}{17}$$

$$= 101 - \frac{243}{17} = \underline{\underline{86{,}7}}$$

4.2 QKZ-System B

Dieses System erfüllt die Ausgangsbedingungen gemäß Spalte 1 der Entscheidungstabelle.

4.2.1 Systembeschreibung

Die Bewertung der Lose erfolgt in 3 Stufen nach Tabelle B für einen Berichtszeitraum.

Bewertung der Lose	Bewertungsfaktor	
	Formelzeichen	Wert
in Ordnung	B_{io}	100
bedingt in Ordnung	B_{bio}	50
nicht in Ordnung	B_{nio}	1

Tabelle B

4.2.2 Berechnungsformel

$$QKZ_B = \frac{Z_{io} \cdot B_{io} + Z_{bio} \cdot B_{bio} + Z_{nio} \cdot B_{nio}}{Z_g}$$

Z_{io} = Anzahl aller Lose im Berichtszeitraum mit der Bewertung „in Ordnung".

Z_{bio} = Anzahl aller Lose im Berichtszeitraum mit der Bewertung „bedingt in Ordnung".

Z_{nio} = Anzahl aller Lose im Berichtszeitraum mit der Bewertung „nicht in Ordnung".

Z_g = Anzahl aller Lose im Berichtszeitraum.

4.2.3 Extremwerte

Bestes Qualitätsniveau: $QKZ_B = 100$
Schlechtestes Qualitätsniveau: $QKZ_B = 1$

4.2.4 Beispiel

20 Lose eines Teiles wurden im Berichtszeitraum mit folgenden Ergebnissen geprüft:

10 Lose bewertet mit B_{io}
 8 Lose bewertet mit B_{bio}
 2 Lose bewertet mit B_{nio}.

Daraus errechnet sich gemäß Formel im Abschnitt 4.2.2:

$$QKZ_B = \frac{10 \cdot 100 + 8 \cdot 50 + 2 \cdot 1}{20} = \underline{\underline{70{,}1}}$$

4.3 QKZ-System C

Dieses System erfüllt die Ausgangsbedingungen gemäß Spalte 1 der Entscheidungstabelle.

4.3.1 Systembeschreibung

Die Bewertung der Lose erfolgt in 3 Stufen nach Tabelle C für einen Berichtszeitraum und zwar bei zusätzlicher Gewichtungsmöglichkeit mit einem frei wählbaren Schwierigkeitsfaktor F. Dieser Erfahrungswert ist von der Art und Kompliziertheit des Produktes abhängig. Bei der Beurteilung der Lose steht die Verwendbarkeit des Produktes im Vordergrund, d. h. es muß beurteilt werden, wie sich ein Fehler auswirkt.

Bewertung der Lose	Bewertungsfaktor	
	Formelzeichen	Wert
verwendbar	B_{vw}	100
bedingt verwendbar	B_{bvw}	50
nicht verwendbar	B_{nvw}	0

Tabelle C

4.3.2 Berechnungsformel

$$QKZ_C = \frac{Z_{vw} \cdot B_{vw} + Z_{bvw} \cdot B_{bvw} + Z_{nvw} \cdot B_{nvw}}{Z_g} \cdot F$$

Z_{vw} = Anzahl verwendbarer Anlieferungen im Berichtszeitraum

Z_{bvw} = Anzahl bedingt verwendbarer Anlieferungen im Berichtszeitraum

Z_{nvw} = Anzahl nicht verwendbarer Anlieferungen im Berichtszeitraum

Z_g = Anzahl aller Anlieferungen im Berichtszeitraum

F = Schwierigkeitsfaktor, Erfahrungswert, z. B. abhängig von der Kompliziertheit des Produktes

4.3.3 Extremwerte

Bestes Qualitätsniveau: $QKZ_c = +\infty$, d. h. nach oben offen
Schlechtestes Qualitätsniveau: $QKZ_c = 0$

4.3.4 Beispiel

In einem Berichtszeitraum werden 10 Lose einer Einheit geprüft.

Davon wurden bewertet:
6 Lose mit B_{vw}
3 Lose mit B_{bvw}
1 Los mit B_{nvw}

Der Schwierigkeitsfaktor F wurde für dieses Produkt mit 1 gewählt.

Daraus errechnet sich gemäß Formel (im Abschn. 4.3.2):

$$QKZ_C = \frac{6 \cdot 100 + 3 \cdot 50 + 1 \cdot 0}{10} \cdot 1 = \underline{\underline{75}}$$

4.4 QKZ-System D

Dieses System erfüllt die Ausgangsbedingungen gemäß Spalte 1 der Entscheidungstabelle.

4.4.1 Systembeschreibung

Die Bewertung der Lose erfolgt in 3 Schritten:
- Fehlerfeststellung und deren Dokumentation (1. Schritt)
- Technische Entscheidung über die Verwendbarkeit (2. Schritt)
- Kaufmännische Entscheidung über weiteres Vorgehen unter Berücksichtigung der technischen Entscheidung und des Termins (3. Schritt)

In die Berechnungsformel dieses Systems gehen folgende Größen, die sich aus 2 Rückmeldungen zusammensetzen, ein:
- Rückmeldung bei Abschluß der Prüfung mittels Prüfbeleg (1. Schritt)
- Rückmeldung bei beanstandeten Anlieferungen nach Entscheidung über die weitere Verwendung (2. und 3. Schritt)

4.4.2 Berechnungsformel

$$QKZ_D = 101 - \frac{Z_{gut} + Z_{MFA} + (Z_{kIF} + Z_{MFT}) \cdot 5 + (Z_{MFR} - Z_{MFA}) \cdot 100}{Z_g}$$

Z_{gut} = Anzahl aller für gut befundenen Lose
Z_{kIF} = Anzahl der Lose, bei denen kleine Fehler festgestellt wurden, aber keine „Mängelfeststellung" (MF) dokumentiert wird.

Z_{MFT} = Anzahl der Lose, für die „Mängelfeststellungen" dokumentiert wurden, deren Fehler aber im MF-Entscheidungsprozeß aus Termingründen toleriert wurden. (Sonderfreigabe)

Z_{MFR} = Anzahl der Lose mit „Mängelfeststellungen", die zur Rückweisung geführt haben. (Rücksendung, Verschrottung, Nacharbeit, Sortieren)

Z_{MFA} = Anzahl der Lose mit „Mängelfeststellungen", die vom Abnehmer verschuldet sind und daher nicht dem Zulieferer angelastet werden können.

Z_g = Anzahl aller geprüften Lose.

4.4.3 Extremwerte

Bestes Qualitätsniveau: $QKZ_D = 100$
Schlechtestes Qualitätsniveau: $QKZ_D = 1$

4.4.4 Beispiel

In einem Berichtszeitraum wurden 75 Lose einer Einheit geprüft. Die Bewertung hatte folgendes Ergebnis:

61 Lose ohne Beanstandungen (Z_{gut})
3 Lose mit kleinen Fehlern akzeptiert (Z_{klF})
11 Lose mit „Mängelfeststellungen", davon
– 1 Los MF toleriert
– 2 Lose MF zu Lasten des Abnehmers

Daraus errechnet sich gemäß Formel im Abschnitt 4.4.2:

$$QKZ_D = 101 - \frac{61 + 2 + (3 + 1) \cdot 5 + (10 - 2) \cdot 100}{75} = \underline{\underline{89{,}23}}$$

5 QKZ-Systeme mit Gewichtung der Fehler (bei Einheiten mit mehreren möglichen Fehlern)

Die in diesem Hauptabschnitt dargestellten QKZ-Systeme mit Fehlergewichtung finden Anwendung bei Einheiten, bei denen mehrere Fehler bewertet werden.

Diese QKZ-Systeme sind anwendbar sowohl bei Eigenfertigung als auch bei Fremdbezug von Einheiten aus Serien- oder Massenfertigung.

Diese QKZ-Systeme verwenden zur Fehlerbewertung bis auf zwei Ausnahmen (QKZ-Systeme G und K) eine Einteilung in Fehlerklassen.

Der mathematische Kompliziertheitsgrad der hier dargestellten QKZ-Systeme ist sehr unterschiedlich. So erfordert das QKZ-System L den Einsatz eines Rechners.

Einige dieser Systeme sind zum Vergleich mit Qualitätsstandards geeignet.

5.1 QKZ-System G

Dieses System erfüllt die Ausgangsbedingungen gemäß Spalte 4 der Entscheidungstabelle.

5.1.1 Systembeschreibung

Die Bewertung der Lose erfolgt in 4 Stufen nach der Tabelle G.

Dieses QKZ-System setzt gewichtete Einheiten zur Anzahl aller Einheiten im Betrachtungszeitraum ins Verhältnis.

Bewertung der Lose		Bewertungsfaktor	
Beschreibung	Stufe	Formelzeichen	Wert
fehlerfreie Einheiten	1	B_1	100
max. 1% der Einheiten fehlerhaft	2	B_2	90
1% bis 5% der Einheiten fehlerhaft	3	B_3	50
mehr als 5% der Einheiten fehlerhaft und/oder Nachbesserungsaktionen erforderlich (z. B. Sortieren, Nacharbeit)	4	B_4	0

Tabelle G

5.1.2 Berechnungsformel

$$QKZ_G = \frac{\sum_{i=1}^{n} E_i \cdot B_i}{E}$$

E_i = Anzahl der betrachteten Einheiten im Berichtszeitraum in der Bewertungsstufe i
E = Anzahl aller betrachteten Einheiten im Berichtszeitraum (Lieferumfang)
n = Anzahl der Lieferungen

5.1.3 Extremwerte

Bestes Qualitätsniveau: $QKZ_G = 100$
Schlechtestes Qualitätsniveau: $QKZ_G = 0$

5.1.4 Beispiel

Die Bewertung der Einheiten im Berichtszeitraum ergab:

Lieferung vom:	Anzahl Einheiten E_i	Bewertungsfaktor	
		Stufe	Wert
01.02.	10 000	1	100
10.02.	5 000	2	90
18.02.	3 000	3	50
24.02.	2 000	4	0
	20 000		

Daraus errechnet sich gemäß Formel im Abschnitt 5.1.2:

$$QKZ_G = \frac{10\,000 \cdot 100 + 5\,000 \cdot 90 + 3\,000 \cdot 50 + 2\,000 \cdot 0}{20\,000}$$

$$= \frac{1\,600\,000}{20\,000} = \underline{\underline{80}}$$

5.2 QKZ-System H

Dieses System erfüllt die Ausgangsbedingungen gemäß Spalte 12 der Entscheidungstabelle.

5.2.1 Systembeschreibung

Die Bewertung erfolgt nach dem Verhältnis der gefundenen Fehler zu den möglichen Fehlern unter Berücksichtigung der Fehlerklassen. Die gefundenen Fehler werden nach zugehöriger Fehlerklasse gemäß Tabelle H gewichtet.

Fehlerklasse	Bewertungsfaktor		
Bezeichnung	Klassennummer	Formelzeichen	Wert
Nebenfehler B	1	B_{f1}	1
Nebenfehler A	2	B_{f2}	10
Hauptfehler B	3	B_{f3}	20
Hauptfehler A	4	B_{f4}	50
Kritischer Fehler	5	B_{f5}	100

Tabelle H

5.2.2 Berechnungsformel

$$QKZ_H = 100 - \frac{\sum(F_{gi} \cdot B_{fi})}{\sum(F_{mi} \cdot B_{fi})} \cdot 100$$

F_{gi} = Anzahl gefundener Fehler in der Fehlerklasse i im Berichtszeitraum
F_{mi} = Anzahl möglicher Fehler in der Fehlerklasse i im Berichtszeitraum

5.2.3 Extremwerte

Bestes Qualitätsniveau: $QKZ_H = 100$
Schlechtestes Qualitätsniveau: $QHZ_H = 0$

5.2.4 Beispiel

Die Bewertung der Einheiten im Berichtszeitraum ergab:

Klassennummer	Wert	F_{mi}	F_{gi}
1	1	10	3
2	10	5	2
3	20	3	1
4	50	3	1
5	100	1	1

Daraus errechnet sich gemäß Formel in Abschnitt 5.2.2:

$$QKZ_H = 100 - \frac{3 \cdot 1 + 2 \cdot 10 + 1 \cdot 20 + 1 \cdot 50 + 1 \cdot 100}{10 \cdot 1 + 5 \cdot 10 + 3 \cdot 20 + 3 \cdot 50 + 1 \cdot 100} \cdot 100$$

$$= 100 - \frac{193}{370} \cdot 100 = 100 - 52{,}2 = \underline{\underline{47{,}8}}$$

5.3 QKZ-System I

Dieses System erfüllt die Ausgangsbedingungen gemäß Spalte 7 der Entscheidungstabelle.

5.3.1 Systembeschreibung

Die Bewertung erfolgt nach den je Fehlerklasse gefundenen Fehlern.

Fehlerklasse	Bewertungsfaktor		
Beschreibung	Klassennummer	Formelzeichen	Wert
Fehler, die die Brauchbarkeit des Produktes nicht beeinträchtigen, jedoch nicht vorkommen sollten.	1	B_{f1}	0,001
Fehler, die die Brauchbarkeit des Produktes für den vorgesehenen Zweck nur wenig beeinträchtigen.	2	B_{f2}	0,005
Fehler, die die Brauchbarkeit des Produktes für den vorgesehenen Zweck stark vermindern können.	3	B_{f3}	0,05
Fehler, die zum Ausfall von Nebenfunktionen des Produktes führen können bzw. die Brauchbarkeit sehr stark einschränken.	4	B_{f4}	0,3
Fehler, die das Produkt für den vorgesehenen Zweck unbrauchbar machen oder seinen Ausfall zur Folge haben können.	5	B_{f5}	1,0

Tabelle I

5.3.2 Berechnungsformel

$$QKZ_I = \frac{\sum_{i=1}^{5} B_{fi} \cdot Z_{fi}}{n} \cdot 100$$

Z_{fi} = Anzahl Fehler in der Fehlerklasse i im Berichtszeitraum
n = geprüfte Stückzahl

5.3.3 Extremwerte

Bestes Qualitätsniveau: $QKZ_I = 0$
Schlechtestes Qualitätsniveau: $QKZ_I = +\infty$, d. h. nach oben offen

Wegen der weiten Spanne ist eine errechnete QKZ, nur aussagefähig im Vergleich mit Vergangenheitswerten bzw. im Vergleich mit einem Qualitätsstandard.

5.3.4 Beispiel

Innerhalb des Berichtszeitraums wurden n = 100 Einheiten geprüft. Die Prüfung ergab:

Klassennummer	Wert B_{fi}	Anzahl Fehler Z_{fi}
1	0,001	345
2	0,005	70
3	0,05	9
4	0,3	–
5	1,0	1

Daraus errechnet sich gemäß Formel im Abschnitt 5.3.2:

$$QKZ_I = \frac{345 \cdot 0,001 + 70 \cdot 0,005 + 9 \cdot 0,05 + 1 \cdot 1}{100} \cdot 100 = \underline{2,15}$$

5.4 QKZ-System K

Dieses System erfüllt die Ausgangsbedingungen gemäß Spalte 5 der Entscheidungstabelle.

5.4.1 Systembeschreibung

Dieses QKZ-System wird bevorzugt bei Einheiten mit wenigen Qualitätsmerkmalen angewendet.

Die hier verwendeten Bedeutungsstufen entsprechen den sonst üblichen Fehlerklassen.

Die Bedeutungsstufe B_i wird für jedes Qualitätsmerkmal nach Tabelle K festgelegt.

Die QKZ wird hier bestimmt durch den Anteil fehlerhafter Einheiten.

Bedeutungsstufe		Bewertung	
Formelzeichen	Wert		
B_1	1	geringe	Bedeutung bezüglich der Qualität und/oder der Fehlerkosten und/oder der Prüfkosten
B_2	2	mittlere	
B_3	3	hohe	

Tabelle K

5.4.2 Berechnungsformel

$$QKZ_K = \frac{\sum_{i=1}^{n} [(100 - p_i) \cdot B_i]}{\sum_{i=100}^{n} B_i}$$

p_i = Anteil fehlerhafter Einheiten in der Bedeutungsstufe B_i
$(100-p_i)$ = Anteil fehlerfreier Einheiten in der Bedeutungsstufe B_i
n = Anzahl der bewerteten Qualitätsmerkmale in allen Bedeutungsstufen

5.4.3 Extremwerte

Bestes Qualitätsniveau: $\quad QKZ_K = 100$
Schlechtestes Qualitätsniveau: $QKZ_K = \quad 0$

5.4.4 Beispiel

Die im Berichtszeitraum zu prüfenden Lose bestanden aus Einheiten mit 4 zu bewertenden Qualitätsmerkmalen (Nr. 1 bis Nr. 4). Die Prüfung an Stichproben ergab:

Merkmals-Nr.	Bedeutungsstufe B_i	Anteil fehlerhafter Einheiten	Anteil fehlerfreier Einheiten
1	1	3	97
2	2	1	99
3	2	2,5	97,5
4	3	2	98

Daraus errechnet sich gemäß Formel in Abschnitt 5.4.2:

$$QKZ_K = \frac{97 \cdot 1 + 99 \cdot 2 + 97{,}5 \cdot 2 + 98 \cdot 3}{1 + 2 + 2 + 3}$$

$$= \frac{97 + 198 + 195 + 294}{8} = \underline{\underline{98}}$$

5.5 QKZ-System L

Dieses System erfüllt die Ausgangsbedingungen gemäß Spalte 12 der Entscheidungstabelle.

5.5.1 Systembeschreibung

Dieses QKZ-System ähnelt im Aufbau den QKZ-Systemen W_1 bis W_4. Es läßt prinzipiell die Einteilung der Fehler in n-Klassen zu. Zu der in Abschnitt 5.5.2 stehenden Bedingungsgleichung wird jeder der n Fehlerklassen die Halbachse eines n-dimensionalen Ellipsoids zugeordnet.

Das hier beschriebene QKZ-System L beschränkt sich indessen auf die international üblichen drei Fehlerklassen.

Ist nun in einem Anwendungsfall für jede der drei Fehlerklassen ein Grenzfehleranteil festgelegt (p_{imax}), läßt sich auch zahlenmäßig die nachfolgend allgemein beschriebene Funktionsweise der Bedingungsgleichung abschätzen. Erreicht der festgestellte Fehleranteil bei nur einer Fehlerklasse den Grenzfehleranteil, wird die Gleichung für die Grenzbedingung nur dann erfüllt, wenn in den beiden anderen Fehlerklassen nicht ein einziger Fehler festgestellt wurde. Die Tabelle L zeigt ein Beispiel für Grenzfehleranteile. Je nach Anwendungsfall können auch andere Grenzfehleranteile festgelegt werden.

Fehlerklasse		Grenz-Fehleranteil	
Bezeichnung	Klassennummer	Formelzeichen	Höchstwert
Nebenfehler	1	p_{1max}	2,0
Hauptfehler	2	p_{2max}	0,5
kritischer Fehler	3	p_{3max}	0,2

Tabelle L

5.5.2 Berechnungsformel

Ausgangspunkt ist die Gleichung für die in der Systembeschreibung vorgegebene Grenzbedingung

$$\sum_{i=1}^{3} \left(\frac{p_i}{p_{i\max}}\right)^2 = \frac{p_1^2}{p_{1\max}^2} + \frac{p_2^2}{p_{2\max}^2} + \frac{p_3^2}{p_{3\max}^2} = 1$$

p_i = Festgestellter Fehleranteil in der Fehlerklasse i in den Losen im Berichtszeitraum.

Diese Bedingungsgleichung liefert aber noch nicht die QKZ. Diese findet man mit der folgenden, schrittweisen Überlegung:
(1) Die QKZ soll zwischen 100 und 0 liegen;
(2) Der Wert QKZ = 100 soll fehlerfreie Lose bedeuten;
(3) Die Abhängigkeit der QKZ von den Fehleranteilen in den 3 Fehlerklassen soll der Beziehung folgen

$$QKZ_L = 100 \cdot e^{-A \cdot f(p_1, p_2, p_3)};$$

(4) für $f(p_1, p_2, p_3)$ wird die obige Bedingungsgleichung für das Qualitäts-Grenzniveau (Ellipsoid) eingesetzt, das den Wert 1 hat, um A für praktikable QKZ_L zu finden;
(5) A wird so gewählt, daß sich eine frei wählbare QKZ_{LGrenz} ergibt, bei deren Unterschreitung die Bedingungsgleichung zu einem Wert über 1 führen würde.

Wählt man nun beispielsweise $QKZ_{LGrenz} = 30$, dann kann man die Bestimmungsgleichung für A wie folgt entwickeln:

$$\frac{QKZ_{LGrenz}}{100} = e^{-A \cdot f(p_1, p_2, p_3)}$$

$$\ln \frac{30}{100} = -A \cdot 1$$

$$A = -\ln(0{,}3)$$
$$= -(-1{,}204) = 1{,}204$$

Für diesen ausgewählten Grenzwert $QKZ_{LGrenz} = 30$ ergibt sich demnach die Formel

$$QKZ_L = 100 \cdot e^{-1{,}204 \cdot \sum_{i=1}^{3} \left(\frac{p_i}{p_{i\max}}\right)^2}$$

Es ist einleuchtend, daß man das gleiche Verfahren auf mehr als 3 Fehlerklassen anwenden kann, beispielsweise auf 5 Fehlerklassen.

5.5.3 Extremwerte

Bestes Qualitätsniveau: $\quad QKZ_L = 100$;
Schlechtestes Qualitätsniveau: Geht abhängig von den p_{imax} gegen 0.

5.5.4 Beispiele

Es wird unterstellt, daß die in der Tabelle L gewählten Höchst-Fehleranteile gelten. Betrachtet werden zwei verschiedene Berichtszeiträume. Die Prüfungen ergaben:

Berichtszeitraum	p_1	p_2	p_3
1	1,6	0,4	0
2	1,2	0,2	0,1

Daraus errechnen sich mit den Hilfswerten:

$$S = \sum_{i=1}^{3} \left(\frac{p_i}{p_{imax}}\right)^2$$

nach der Formel

$$QKZ_L = 100 \cdot e^{-1,204 \cdot S}$$

die folgenden Ergebnisse:

Berichtszeitraum	S	QKZ_L	Entscheidung bei $QKZ_{LGrenz} = 30$
1	1,28	21,4	rückzuweisen
2	0,77	39,6	anzunehmen

Die QKZ können keine Aussage über die Bedeutung eines kritischen Fehlers liefern.

6 QKZ-Systeme mit Gewichtung der Anzahl fehlerhafter Einheiten

Die in diesem Hauptabschnitt dargestellten QKZ-Systeme mit Fehlergewichtung (Gewichtsfaktoren abhängig von der Fehlerklasse) finden Anwendung bei Einzelteilen und Baugruppen aus der Serien- und Massenfertigung unabhängig davon, ob es sich um Eigenfertigung oder Fremdbezug handelt. Gewichtet wird die Anzahl fehlerhafter Einheiten.

Die mit diesen Systemen ermittelten QKZ stellen absolute Maßzahlen dar. Für einen Vergleich mit Qualitäts-Standards sind diese QKZ nicht geeignet.

6.1 QKZ-System P

Dieses System erfüllt die Ausgangsbedingungen gemäß Spalte 2 der Entscheidungstabelle.

6.1.1 Systembeschreibung

Das System wird bei Stichprobenprüfung angewendet. Der Lieferumfang wird vernachlässigt. Die Anzahl fehlerhafter Einheiten entspricht, da sie sich nur auf die Stichprobe bezieht, nicht dem Anteil fehlerhafter Einheiten in den Prüflosen. Das wird in Kauf genommen angesichts der dominierenden Bedeutung der Fehlerklasse.

Der Vorteil dieses Systems liegt in der einfachen Handhabung. Es empfiehlt sich bei gleichbleibenden Losumfängen im jeweiligen Berichtszeitraum.

Auftretende Hauptfehler und kritische Fehler lassen sich für aufeinanderfolgende Berichtszeiträume verfolgen. Damit ist ein Qualitätstrend feststellbar.

Nachteilig ist, daß – wegen der aus den Stichprobensystemen folgenden unterschiedlichen Stichprobenumfängen – kleine und große Prüflose unterschiedlich bewertet werden.

Die Fehlerbewertung erfolgt nach Tabelle P.

Fehlerklasse		Bewertungsfaktor	
Bezeichnung	Klassennummer	Formelzeichen	Wert
Nebenfehler	1	B_{f1}	0,1
Hauptfehler	2	B_{f2}	0,5
Kritischer Fehler	3	B_{f3}	1,0

Tabelle P

6.1.2 Berechnungsformel

$$QKZ_P = \frac{Z_g - \sum_{n=1}^{3} Z_i \cdot B_{fi}}{Z_g} \cdot 100$$

Z_i = Anzahl der fehlerhaften Einheiten in den Stichproben im Berichtszeitraum in der Fehlerklasse i
Z_g = Anzahl aller Stichprobeneinheiten im Berichtszeitraum

6.1.3 Extremwerte

Bestes Qualitätsniveau: $QKZ_P = 100$
Schlechtestes Qualitätsniveau: $QKZ_P = 0$

6.1.4 Beispiel

Im Berichtszeitraum wurden 160 Einheiten nach Stichprobenplan geprüft. Dabei ergab sich:

Klassennummer i	Wert	Anzahl fehlerhafter Einheiten
1	0,1	11
2	0,5	7
3	1,0	1

Daraus errechnet sich gemäß Formel im Abschnitt 6.1.2:

$$QKZ_P = \frac{160 - (11 \cdot 0,1 + 7 \cdot 0,5 + 1 \cdot 1)}{160} \cdot 100$$

$$= \frac{160 - (1,1 + 3,5 + 1)}{160} \cdot 100 = \underline{96,5}$$

6.2 QKZ-System R

Dieses System erfüllt die Ausgangsbedingungen gemäß Spalte 3 in der Entscheidungstabelle.

6.2.1 Systembeschreibung

Bei diesem QKZ-System führen größere Unterschiede im Umfang der Prüflose im Berichtszeitraum zu Aussagen, deren Vergleich zu Fehlschlüssen führen kann. Kleine Umfänge der Prüflose werden erheblich schärfer beurteilt als große.

Die QKZ_R wird aus dem Anteil fehlerhafter Einheiten, der Fehlerklasse und der daraus resultierenden Gewichtung ermittelt.

Dabei wird zur Zuteilung der einzelnen möglichen Fehler zu einer Fehlerklasse eine Fehlerfolgenbewertung zugrunde gelegt. Diese wird während der Prüfplanung durchgeführt und bezieht alle Fehlerfolgen ein, die während und nach der Bearbeitung oder während des Gebrauchs eintreten können.

Die Fehlerbewertung erfolgt nach Tabelle R.

Fehlerklasse		Bewertungsfaktor	
Bezeichnung	Klassennummer	Formelzeichen	Wert
Nebenfehler B	1	B_{f1}	0,01
Nebenfehler A	2	B_{f2}	0,1
Hauptfehler B	3	B_{f3}	0,2
Hauptfehler A	4	B_{f4}	0,5
Kritischer Fehler	5	B_{f5}	1,0

Tabelle R

6.2.2 Berechnungsformel

a) Bewertung eines Arbeitsganges, in dem geprüft wird

$$QKZ_{Ri} = 100 - p_i \cdot B_{fi}$$

b) Bewertung aller Arbeitsgänge, in denen geprüft wird

$$QKZ_R = \frac{QKZ_{Ri}}{Z_g}$$

p_i = Anteil fehlerhafter Einheiten beim Arbeitsgang im Berichtszeitraum

Z_g = Anzahl aller QKZ_{Ri} im Berichtszeitraum

6.2.3 Extremwerte

Bestes Qualitätsniveau: $\quad QKZ_R = 100$
Schlechtestes Qualitätsniveau: $QKZ_R = \quad 0$

QKZ_R wird überwiegend in der Nähe von 100 liegen. Bei grafischen Darstellungen ist diese Tatsache zu berücksichtigen.

6.2.4 Beispiel

Im Berichtszeitraum wurden 300 Einheiten im Rahmen des nachfolgenden Arbeitsplans geprüft, der bereits die Festlegungen der Fehlerklassen aufgrund der Fehlerfolgenuntersuchung enthält.

Arbeitsgang	Kostenstelle	Arbeitsgangbeschreibung	Fehlerklasse
1	710	00000,11(2) 00000,11 kg	–
2	541	Rohteilhersteller A bis H	–
3	541	Sichtprüfung	2
4	634	Nachkühlen	–
5	511	Fläche bearbeiten M bis X	–
6	511	Dicke messen	3
7	511	Spannungen messen	4
8	615	–	–

Geprüft wurde in den Arbeitsgängen 3, 6 und 7. Die Prüfung hatte folgendes Ergebnis:

Arbeitsgang	Anzahl fehlerhafter Einheiten	Anteil fehlerhafter Einheiten p_i	Wert
3	50	16,6	0,1
6	25	8,3	0,2
7	15	5	0,5

Die QKZ_{Ri} für die einzelnen Arbeitsgänge errechnen sich gemäß der Formel im Abschnitt 6.2.2 a):

$QKZ_{R3} = 100 - 16,6 \cdot 0,1 = 98,3$
$QKZ_{R6} = 100 - 8,3 \cdot 0,2 = 98,3$
$QKZ_{R7} = 100 - 5 \cdot 0,5 = 97,5$

Die QKZ_R für den Berichtszeitraum errechnet sich gemäß Formel im Abschnitt 6.2.2 b):

$$QKZ_R = \frac{98,3 + 98,3 + 97,5}{3} = \underline{\underline{98}}$$

6.3 QKZ-System S

Dieses System erfüllt die Ausgangsbedingungen gemäß Spalte 3 der Entscheidungstabelle.

6.3.1 Systembeschreibung

Dieses QKZ-System erlaubt bedingt Vergleiche zwischen Betrieben oder zwischen Zulieferanten.

Die QKZ$_S$ wird nach einer e-Funktion bestimmt. Dadurch werden Qualitätsänderungen bereits im Bereich kleiner Fehleranteile deutlich. Liefermengen bleiben unberücksichtigt.

Die Klassifizierung der Fehler wird wie in einigen vorausgehend beschriebenen QKZ-Systemen nur in 3 Klassen nach Tabelle S durchgeführt. In begründeten Fällen kann von den Bewertungsfaktoren gemäß Tabelle S abgewichen werden.

Fehlerklasse		Bewertungsfaktor	
Bezeichnung	Klassennummer	Formelzeichen	Wert
Nebenfehler	1	B_{f1}	0,1
Hauptfehler	2	B_{f2}	0,5
Kritischer Fehler	3	B_{f3}	1,0

Tabelle S

6.3.2 Berechnungsformel

$$QKZ_S = 100 \cdot e^{-0,2 \cdot Z}$$

$$Z = \sum_{i=1}^{3} B_{fi} \cdot p_i = 0,1 \cdot p_1 + 0,5 \cdot p_2 + 1 \cdot p_3 \text{ in Prozent}$$

p_i = Anteil fehlerhafter Einheiten in der Fehlerklasse i, in Prozent einzusetzen.

6.3.3 Extremwerte

Bestes Qualitätsniveau: $QKZ_S = 100$
Schlechtestes Qualitätsniveau: QKS_S geht gegen 0

6.3.4 Beispiele

Beispiel 1

In der Endprüfung einer Tagesproduktion werden 10 % der geprüften Geräte mit Nebenfehlern gefunden ($p_1 = 10\%$ und $B_{f1} = 0,1$). Daraus errechnet sich mit

$$Z = 0,1 \cdot 10 = 1\%$$

die Qualitätskennzahl

$$QKZ_S = 100 \, e^{-0,2 \cdot 1} \approx \underline{\underline{82}}$$

Beispiel 2

Bei der Eingangsprüfung werden in einem Los 2 % der Einheiten mit kritischen Fehlern, 1 % der Einheiten mit Hauptfehlern und 5 % der Einheiten mit Nebenfehlern gefunden.

Daraus errechnet sich mit

$$Z = 0{,}1 \cdot 5 + 0{,}5 \cdot 1 + 1 \cdot 2 = 3\%$$

die Qualitätskennzahl

$$QKZ_S = 100 \cdot e^{-0{,}2 \cdot 3} \approx \underline{\underline{55}}$$

Das Beispiel B zeigt, daß die gewonnene QKZ_S angesichts der obigen Extremwerte dazu verleiten könnte, die Bedeutung der kritischen Fehler unterzubewerten.

6.4 QKZ-System T

Dieses System erfüllt die Ausgangsbedingungen gemäß Spalte 14 der Entscheidungstabelle.

6.4.1 Systembeschreibung

Dieses QKZ-System benutzt die Anzahl fehlerhafter Einheiten in Stichproben zur Bewertung. Die jeweilige Anzahl fehlerhafter Einheiten in den Stichproben wird klassenweise linear hochgerechnet auf fehlerhafte Einheiten dieser Klasse in der zugehörigen Liefermenge. Es wird also vereinfachend unterstellt, daß das Stichprobenergebnis den Zustand im Los widerspiegelt. Die fehlerhaften Einheiten werden nach Tabelle T in drei Klassen eingeteilt, wobei die übliche Einteilung durch Zusatzbedingungen erweitert ist:

Klasse der fehlerhaften Einheiten mit Zusatzbedingung	Bewertungsfaktor		
Beschreibung	Klassennummer	Formelzeichen	Wert
Nebenfehler-Einheit ohne Funktionsbeeinträchtigung	1	B_1	0,1
Hauptfehler-Einheit, die Nacharbeit erfordert	2	B_2	0,5
Einheit mit kritischem Fehler, der zu Ausschuß führt	3	B_3	1,0

Tabelle T

Treten an einer Einheit Fehler aus verschiedenen Klassen auf, so wird nur der schwerste Fehler berücksichtigt.

6.4.2 Berechnungsformel

$$QKZ_T = 100 \cdot \left(1 - \frac{\sum_{i=1}^{3}(B_i \cdot Z_i)}{z_g}\right)$$

Z_i = auf alle Einheiten im Berichtszeitraum linear umgerechnete Anzahl fehlerhafter Einheiten der Klasse i in den Stichproben, also

$$Z_i = z_i \cdot \frac{N_i}{n_i}, \text{ wobei}$$

z_i = Anzahl der fehlerhaften Einheiten der Klasse i in den Stichproben im Berichtszeitraum;

n_i = Anzahl aller Einheiten aller Stichproben mit fehlerhaften Einheiten der Klasse i im Berichtszeitraum;

N_i = Anzahl aller Einheiten aller Lose, aus denen im Berichtszeitraum Stichproben mit fehlerhaften Einheiten der Klasse i gezogen wurden;

z_g = Anzahl aller Einheiten aller Lose im Berichtszeitraum.

6.4.3 Extremwerte

Bestes Qualitätsniveau: $QKZ_T = 100$
Schlechtestes Qualitätsniveau: $QKZ_T = 0$

6.4.4 Beispiel

Im Berichtszeitraum wurden 5 Prüflose untersucht. Dabei ergab sich bei den zugehörigen Stichproben:

Prüflos	Umfang		Anzahl fehlerhafter Einheiten in der Klasse		
	Prüflos	Stichprobe	1	2	3
1	1 000	50	0	2	0
2	2 000	100	4	1	0
3	1 500	50	0	0	0
4	1 500	50	2	0	0
5	2 000	100	0	0	1

Dieses Ergebnis führt entsprechend den obigen Regeln zu folgender Auswertung:

Fehler-klasse	Prüflos	Quotient N/n	Anzahl fehlerhafter Einheiten		
			festgestellt	errechnet	Summe Z_i
1	2 4	20 30	4 2	80 60	140
2	1 2	20 20	2 1	40 20	60
3	5	20	1	20	20

Demnach errechnet sich gemäß Formel im Abschnitt 6.4.2:

$$QKZ_T = 100 \cdot \left(1 - \frac{0{,}1 \cdot 140 + 0{,}5 \cdot 60 + 1 \cdot 20}{8000}\right)$$

$$= 100 \cdot (1 - 0{,}008) = \underline{\underline{99{,}2}}$$

6.4.5 Gesamt-QKZ_T

Es läßt sich für jeden der vier Bereiche
- Eingangsprüfung,
- Fertigungsprüfung,
- Endprüfung,
- Qualitätsprüfung im Zusammenhang mit dem Kundenservice

eine eigene QKZ errechnen.

Die Gesamt-Qualitätskennzahl QKZ_{Tges} wird bestimmt unter der Annahme, daß die Beanstandungsmerkmale der Bereiche unabhängig voneinander sind; denn Fehler, die bei der Fertigungsprüfung in der Stichprobe bemerkt, aber nicht beseitigt worden sind, sollten bei Entdeckung in der Weiterverarbeitung dem Zulieferanten nicht noch ein zweites Mal mit angerechnet werden. Diese Gesamt-QKZ ist interpretierbar als Schätzwert für die Wahrscheinlichkeit, daß eine Einheit unbeanstandet drei Bereiche passiert.

Sie lautet dann:

$QKZ_{Tges} = QKZ_{T1} \cdot QKZ_{T2} \cdot QKZ_{T3} \cdot 10^{-4}$

(Die Multiplikation mit 10^{-4} erfolgt, um den Wertbereich der QKZ_{Tges} zwischen 0 und 100 zu belassen.)

7. QKZ-Systeme ohne Fehlergewichtung mit prozentualer Aussage

Die in diesem Hauptabschnitt dargestellten QKZ-Systeme ohne Fehlergewichtung sind entweder geeignet zur Anwendung beim Fremdbezug bzw. bei der Eigenfertigung von Einzelteilen und Baugruppen unabhängig von der Seriengröße oder aber auch im Vertriebsbereich (Kundendienst). Sie setzen die Anzahl der beanstandeten Einheiten zur Anzahl der angenommenen Einheiten oder aber die Anzahl der Reklamationen zu den verkauften Produkten ins Verhältnis.

Die QKZ wird in Prozenten ausgedrückt.

7.1 QKZ-System U1

Dieses System erfüllt die Ausgangsbedingungen gemäß Spalte 6 der Entscheidungstabelle.

7.1.1 Systembeschreibung

Bei 100%-Prüfungen in der Fertigung ergibt das Verhältnis der beanstandeten zu den angenommenen Einheiten ein brauchbares Maß für die Qualitätsprüfung der Fertigung. Der Erfassungsaufwand zur Anwendung dieses QKZ-Systems ist gering.

7.1.2 Berechnungsformel

$$QKZ_{U1} = \frac{i}{n-i} \cdot 100$$

i = Anzahl der beanstandeten Einheiten
n = Anzahl der geprüften Einheiten
n-i = Anzahl der angenommenen Einheiten

7.1.3 Extremwerte

Bestes Qualitätsniveau: $QKZ_{U1} = 0$
Schlechtestes Qualitätsniveau: QKZ_{U1} = geht gegen $+\infty$, d. h. nach oben offen

7.1.4 Beispiel

Die Tagesproduktion von 1176 Einheiten wird geprüft und dabei werden 126 Einheiten beanstandet.
Daraus errechnet sich gemäß Formel im Abschnitt 7.1.2:

$$QKZ_{U1} = \frac{126}{1050} \cdot 100 = \underline{\underline{12}}$$

7.2 QKZ-System U2

Dieses System erfüllt die Ausgangsbedingungen gemäß Spalte 8 der Entscheidungstabelle.

7.2.1 Systembeschreibung

Der Reklamationsprozentsatz ist eine einfache Größe, die eine Aussage über die Qualität während des Gebrauches macht. Bei Produkten, die über den Handel vertrieben werden, ist oft der Zeitpunkt der Inbetriebnahme durch den Kunden unbekannt. Eine genaue Bezugsgröße für eingehende Reklamationen fehlt also. Exakte Aussagen über Zuverlässigkeitskenngrößen, wie Ausfallraten und deren zeitliche Veränderung, sind nicht möglich. QKZ-System U2 ermöglicht die Beurteilung der Reklamationen bei solchen Produkten. Man geht dabei davon aus, daß die Produkte eine etwa konstante Verweilzeit beim Handel haben und bezieht die eingegangenen Reklamationen auf die z. B. 2 Monate vor dem Stichtag vorliegende Verkaufsstückzahl. Dabei kumuliert man sowohl den Verkaufsumfang als auch die Reklamationen, um saisonale Schwankungen auszugleichen.

7.2.2 Berechnungsformel

$$QKZ_{U2} = \frac{P}{V} \cdot 100$$

P = Anzahl der Reklamationen
V = Anzahl der verkauften Produkte

7.2.3 Extremwerte

Bestes Qualitätsniveau: $QKZ_{U2} = 0$
Schlechtestes Qualitätsniveau: $QKZ_{U2} = 100$

7.2.4 Beispiel

Während der 16monatigen Gesamt-Fertigungszeit eines Produktes sind insgesamt 190 Reklamationen bekanntgeworden. 2 Monate vorher, also nach 14 Monaten Fertigungszeit, hat die insgesamt angelieferte Menge 17 320 Einheiten betragen. (Durch diese Verschiebung der Bezugsanzahl wird eine mittlere Verweilzeit beim Händler von 2 Monaten berücksichtigt).

Der Reklamationsprozentsatz als QKZ dargestellt lautet:

$$QKZ_{U2} = \frac{190}{17320} \cdot 100 = \underline{\underline{1{,}1}}$$

8 QKZ-Systeme mit mehreren Ausgangsgrößen

Die in diesem Hauptabschnitt dargestellten QKZ-Systeme W1 bis W5 ermöglichen den direkten Vergleich unterschiedlicher Produkte und Produktionen unter Berücksichtigung der spezifischen Fertigungsschwierigkeiten, in dem sie die erforderliche Bewertung unter Einbeziehung der Fehlervorgaben (p_v) und der Fehlerverteilung (p,s) sowie der Fehlerkosten (bei zwei QKZ-Systemen QKZ_{W4} und QKZ_{W5}) vornehmen.

Die Ermittlung des Fehlerprozentsatzes p kann in den QKZ-Systemen W1 bis W3 sowohl durch eine 100%-Prüfung als auch durch Stichprobenprüfung vorgenommen werden.

Für die Abteilung, den Betrieb oder auch das Produkt wird eine Gewichtung durchgeführt, die die

- fertigungstechnisch-
- material-
- und verfahrensbedingten

Gegebenheiten berücksichtigt.

Die QKZ-Systeme W1 bis W5 sind anwendbar für

- Zulieferungen
- Vorfertigung
- Vormontage
- Montage.

Die Systeme erfordern eine umfangreiche, detaillierte Datenerfassung. Sie lassen sich nur auf Großrechenanlagen verwirklichen. Auf der Basis dieser QKZ-Systeme läßt sich gegebenenfalls auch eine Qualitätsprämie einführen, weil es die fertigungstechnischen, material- und verfahrensbedingten Gegebenheiten berücksichtigt.

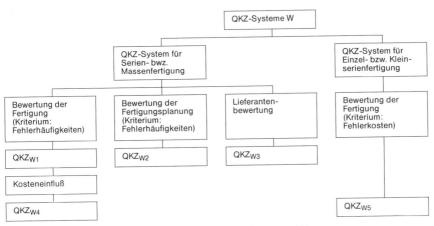

Bild 8.1 Schematische Darstellung der QKZ-Systeme W

8.1 QKZ-System W1

Dieses System ist anwendbar für die Bewertung der Fertigung. Es erfüllt die Ausgangsbedingungen gemäß Spalte 9 der Entscheidungstabelle.

8.1.1 Systembeschreibung

Die QKZ_{W1} basiert ausschließlich auf den Fehlerhäufigkeiten der Lose, d. h. sie wird entsprechend der Anzahl der Fehler bzw. der Anzahl fehlerhafter Einheiten (p) berechnet, die in einem abgeschlossenen Los auftritt. Für die Beispiele in Unterabschnitt 8.1.4 wurde p anhand einer 100%-Prüfung ermittelt.

8.1.2 Berechnungsformel

$$QKZ_{W1} = \frac{100}{\left(\frac{100}{QKZ_{W1m}}\right)^{\left(\frac{\Delta p}{t \cdot s}\right)^2}}$$

QKZ_{W1m} = Vom Anwender vorgegebener unterer Grenzwert für gute Lieferqualität (< 100).

Δp = $p_{ist} - p_v$

p_{ist} = tatsächlicher Fehlerprozentsatz

p_v = vorgegebener Fehlerprozentsatz
  Unter p_v ist der
  * fertigungstechnisch-
  * material-
  * und materialbedingte

  über die Gesamtheit aller Lose eines Einzelteiles ermittelte Fehlererwartungswert $\bar{p}$ zu verstehen, der sich einstellt, wenn alle verfügbaren Mittel zur Fehlerreduzierung eingesetzt worden sind.

Voraussetzung für die Anwendung dieses QKZ-Systems ist die Kenntnis des vorgegebenen Fehlerprozentsatzes bezogen auf das Fertigungslos. Gibt man diesen Prozentsatz als p_v vor, gelangt er nicht mehr in die Berechnung der QKZ_{W1} unter der Bedingung, daß für $0 \leq p_{ist} \leq p_v$ die $QKZ_{W1} = 100$ gesetzt wird. Erst Fehlerprozentsätze p_{ist}, die über p_v hinausgehen, gehen in die Bewertung ein (siehe Bild 8.2).

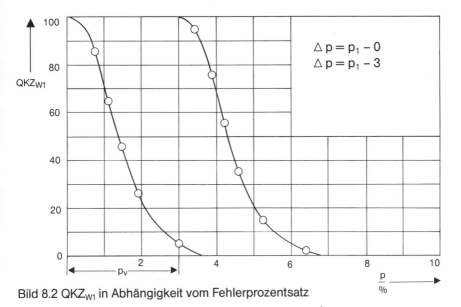

Bild 8.2 QKZ_{W1} in Abhängigkeit vom Fehlerprozentsatz

$t \cdot s$ = Standardabweichung

Unabhängig von der Art der Verteilungsfunktion der Fehlerprozentsätze mehrerer Lose eines bestimmten Einzelteiles lassen sich immer die Werte für Mittelwert und Standardabweichung bestimmen. In der Praxis ist es wenig sinnvoll und zur flexiblen Anpassung an kurzfristige Auswirkungen äußerer Störeinflüsse auch nicht ratsam, die Daten der Grundgesamtheit starr für die Ermittlung von QKZ_{W1} vorzugeben, sondern es ist besser, eine gleitende Ermittlung für s einzuführen.

Im Bild 8.3 ist dargestellt, daß zu einer objektiven Ermittlung der QKZ_{W1} die Standardabweichung der Fehlerprozentsätze mehrerer Lose eines bestimmten Einzelteiles (in Bild 8.3 handelt es sich um die Fehlerverteilungen zweier Lose A und B) eingehen müssen und eine entscheidende Rolle spielen.

Die Festlegung des Parameters t ist eine ingenieurmäßige Entscheidung, die nur ein Vielfaches der Standardabweichung angibt.

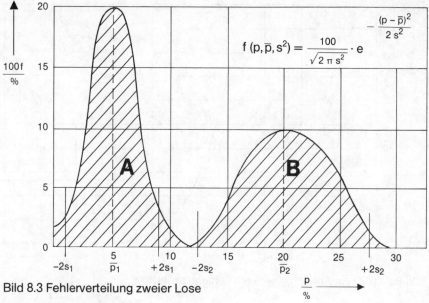

Bild 8.3 Fehlerverteilung zweier Lose

8.1.3 Extremwerte

Bestes Qualitätsniveau: $QKZ_{W1} = 100$
Schlechtestes Qualitätsniveau: QKZ_{W1} = geht gegen 0

8.1.4 Beispiel

Aus früheren Erfahrungen mit den Fehlerprozentsätzen eines bestimmten Einzelteiles wurde $p_v = 5\%$ vorgegeben. Die Errechnung der Standardabweichungen erfolgt hier ab Beginn einer neuen Fertigungsaufnahme. Anhand von vier aufeinanderfolgenden Losen einer Einzelteilfertigung werden die Berechnungen der Mittelwerte, der Standardabweichungen und die daraus abgeleiteten Aufstellungen der entsprechenden QKZ_{W1} erläutert (siehe Bild 8.4).

für alle drei Fälle gilt: $p_v = 5\%$

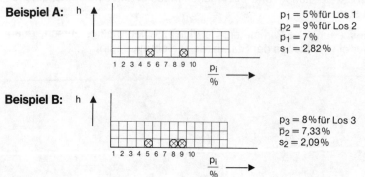

Beispiel A:

$p_1 = 5\%$ für Los 1
$p_2 = 9\%$ für Los 2
$\bar{p}_1 = 7\%$
$s_1 = 2{,}82\%$

Beispiel B:

$p_3 = 8\%$ für Los 3
$\bar{p}_2 = 7{,}33\%$
$s_2 = 2{,}09\%$

Beispiel C:

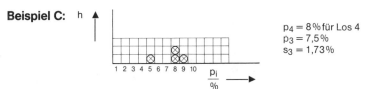

$p_4 = 8\%$ für Los 4
$p_3 = 7,5\%$
$s_3 = 1,73\%$

Bild 8.4 Fehlerprozentsätze und Standardabweichungen für Beispiele A, B und C

Im Bild 8.4 handelt es sich um Lose i des gleichen Einzelteiles, damit auch $p_v = 5\%$ für alle drei dargestellten Beispiele gleich groß ist.

Man erhält für die drei Beispiele folgende Standardabweichungen nach der Formel:

$$s_i^2 = \frac{1}{n-1} \sum_{i=1}^{n} (p_i^2 - \bar{p}^2)$$

Beispiel A: $s_1 = 2,82\%$ (erfaßt nur Lose 1 und 2)
Beispiel B: $s_2 = 2,09\%$ (erfaßt Lose 1, 2 und 3)
Beispiel C: $s_3 = 1,73\%$ (erfaßt Lose 1, 2, 3 und 4)

Diese Standardabweichungen werden in die Formel für die Berechnung der QKZ_{W1} mit der Festlegung $t = 2$ eingesetzt. Da für jedes abgeschlossene Los eine QKZ_{W1} angegeben werden soll, benötigt man noch die p_i der zu bewertenden Lose.

Beispiel A: $p_2 = 9\%$
Beispiel B: $p_3 = 8\%$
Beispiel C: $p_4 = 8\%$

Der Fehlerprozentsatz $p_1 = 5\%$ des ersten abgeschlossenen Loses kann nicht allein für sich bewertet werden. Der Fehlerprozentsatz des jeweils zuletzt abgeschlossenen Loses muß sowohl für die Berechnung der Standardabweichung als auch für die Aufstellung der QKZ_{W1} verwendet werden. Bei einer vorgegebenen $QKZ_{W1m} = 90$ ergeben sich folgende QKZ_{W1i}:

Beispiel A (Bewertung von Los 2)

$$QKZ_{W1A} = \frac{100}{\left(\frac{p_2 - p_v}{2s_1}\right)^2 \left(\frac{100}{QKZ_{W1m}}\right)} = \underline{\underline{94,8}}$$

Beispiel B (Bewertung von Los 3)

$$QKZ_{W1B} = \frac{100}{\left(\frac{p_3 - p_v}{2s_2}\right)^2 \left(\frac{100}{QKZ_{W1m}}\right)} = \underline{\underline{94,7}}$$

Beispiel C (Bewertung von Los 4)

$$QKZ_{W1C} = \frac{100}{\left(\dfrac{100}{QKZ_{W1m}}\right)\left(\dfrac{p_4 - p_v}{2s_3}\right)^2} = 92{,}4$$

Daß QKZ_{W1C} schlechter ist als QKZ_{W1B}, obwohl in beiden Fällen der gleiche Fehlerprozentsatz $p_3 = p_4 = 8\%$ bewertet wird, liegt daran, daß sich hier die zu geringe Vorgabe $p_v = 5\%$ auszuwirken beginnt, denn die Standardabweichung von p_{i+1} wird immer kleiner. Hieraus folgt, daß anhand des neuen Erwartungswertes für $\bar{p}_{i+1}$ eine Überprüfung des vorgegebenen Fehlerprozentsatzes p_v vorgenommen werden muß (siehe Unterabschnitt 8.1.2). Ändert man beispielsweise vor der Bewertung des vierten Loses $p_v = 5\%$ auf $p_v = 7\%$, so errechnet sich eine $QKZ_{W1C} = 97{,}1$ für das Los 4.

8.2 QKZ-System W2

Dieses System ist anwendbar für die Bewertung der Fertigungsvorbereitung. Es erfüllt die Ausgangsbedingungen gemäß Spalte 9 der Entscheidungstabelle.

8.2.1 Systembeschreibung

Mit Hilfe der QKZ_{W2} wird eine Überwachung des vorgegebenen Fehlerprozentsatzes p_v durchgeführt. Grundlage hierfür sind die in der Fertigung gefundenen Fehlerprozentsätze p des betreffenden Loses. Allerdings bewertet sie nicht die einzelnen Lose selbst, sondern nur die Abweichung des Mittelwertes $\bar{p}$ mehrerer Lose gegenüber dem vorgegebenen Fehlerprozentsatz p_v. Die QKZ_{W2} ist eine Steuergröße. Sie löst eine Verschiebung und somit eine Korrektur der Vorgabe p_v aus, um sie dem Mittelwert $\bar{p}$ der tatsächlichen Fertigung anzupassen.

8.2.2 Berechnungsformel und Formelzeichen

$$QKZ_{W2} = \frac{100}{\left(\dfrac{100}{QKZ_{W2m}}\right)\left(\dfrac{\Delta p}{t \cdot s}\right)^2}$$

$$\Delta p = \bar{p}_{ist} - p_v$$

Hierbei ist $\bar{p}_{ist}$ der Mittelwert mehrerer Fehlerprozentsätze. Entscheidend für die QKZ_{W2} zur Bewertung der Fertigungsvorbereitung ist also die Differenz zwischen dem Erwartungswert (Mittelwert) $\bar{p}_{ist}$ und dem vorgegebenen Fehlerprozentsatz p_v. Der Existenzbereich der QKZ_{W2} erweitert sich auf beide Äste der Gauß'schen Glockenkurve. Eine Überprüfung und gegebenenfalls eine Korrektur des vorgegebenen Fehlerprozentsatzes p_v ist nur sinnvoll und durchführbar, wenn eine hinreichend große Zahl von Losen erfaßt worden ist. Es ist nicht sinnvoll, die Korrektur bei relativ kleiner Differenz zwischen Mittelwert $\overline{p}_{ist}$ und Vorgabe p_v vorzunehmen. (siehe Bild 8.5 und 8.6, unterlegter Bereich).

8.2.3 Extremwerte

Bestes Qualitätsniveau: $\quad QKZ_{W2} = 100$
Schlechtestes Qualitätsniveau: $QKZ_{W2} =$ geht gegen 0

8.2.4 Beispiele

Beispiel A

Im Bild 8.5 liegen die beiden Mittelwerte $\overline{p}_{ist1}$ und $\overline{p}_{ist2}$ links von dem vorgegebenen Fehlerprozentsatz p_v.
In Zahlen ausgedrückt:

2s $= 1,62\%$ (angenommen)
$p_v = 10\%$
$\overline{p}_{ist1} = 4\%$
$\overline{p}_{ist2} = 8\%$
$\triangle p_1 = 4\% - 10\% = -6\%$
$\triangle p_2 = 8\% - 10\% = -2\%$

Der vorgegebene Fehlerprozentsatz p_v liegt gegenüber dem mittleren Fehlerprozentsatz $\overline{p}_{ist}$ der Fertigung zu hoch, wie in Bild 8.5 auf der Ordinate abzulesen ist.

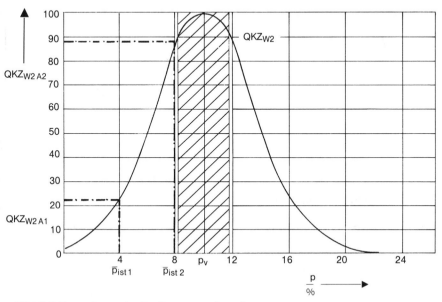

Bild 8.5 Bewertung der Fertigungsvorbereitung

Das negative Vorzeichen hat auf die Formel keinen Einfluß, denn der Exponent der e-Funktion ist ein quadratischer Ausdruck.

Beispiel B

In Bild 8.6 befinden sich die beiden Mittelwerte $\bar{p}_{ist3}$ und $\bar{p}_{ist4}$ rechts von der Vorgabe p_v.

$2s = 1,62\%$ (angenommen)
$p_v = 10\%$
$\triangle p_3 = 12\% - 10\% = 2\%$
$\triangle p_4 = 14\% - 10\% = 4\%$

Der vorgegebene Fehlerprozentsatz ist zu niedrig gewählt worden, wie in Bild 8.6 auf der Ordinate abzulesen ist.

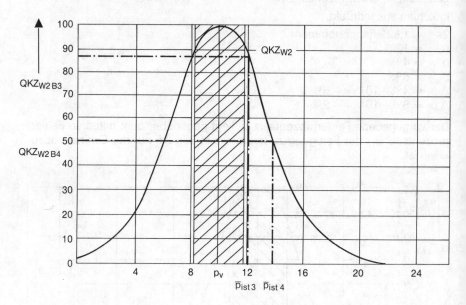

Bild 8.6 Bewertung der Fertigungsvorbereitung

8.3 QKZ-System W3

Dieses System ist anwendbar für die Bewertung von Lieferanten. Es erfüllt die Ausgangsbedingungen gemäß Spalte 13 der Entscheidungstabelle.

8.3.1 Systembeschreibung

Für die Beurteilung des Lieferanten aufgrund von quantifizierbaren Kriterien werden mit Hilfe von Prüfdaten Lieferantenqualitätskennzahlen je Lieferung

($QKZ_{W3(L)}$) und Lieferantenqualitätskennzahlen für einen Beurteilungszeitraum ($QKZ_{W3(B)}$) errechnet. Eine $QKZ_{W3(B)}$ kann sowohl getrennt für ein Produkt als auch für sämtliche gelieferten Produkte eines Lieferanten ermittelt werden.

Die Beurteilung aufgrund der Ergebnisse aus Lieferungen mit großen Stückzahlen wird in der Eingangsprüfung je nach Prüfumfang aufgrund von
- Stichprobenprüfungen oder
- einer 100%-Prüfung

durchgeführt.

Ergebnisse aus der Identitätsprüfung können nicht zu einer Beurteilung herangezogen werden, da die Stichprobenumfänge bei dieser Prüfung zu klein sind, um eine fundierte Aussage vornehmen zu können. Bei Lieferungen mit geringen Stückzahlen kann nach Beispiel F verfahren werden.

Die Zuordnung des AQL-Wertes kann sehr verschieden erfolgen je nach Prüfgegenstand, Menge, Sicherheitsanforderung usw. Deshalb ist in den folgenden Unterabschnitten für jede Möglichkeit angegeben, wie $QKZ_{W3(L)}$ und $QKZ_{W3(B)}$ zu berechnen sind.

Eine Übersicht gibt Tabelle W3

Merkmal	Prüfung AQL-Werte für			$QKZ_{W3(L)}$	Beispiel
	Fehlerklasse	fehlerhafte Einheit	Fehler je 100 Einheiten		
		X		QKZ_{W3}	A
X				$QKZ_{W3(M)}$	B
	X			$QKZ_{W3(FK)}$	C
X		X		$QKZ_{W3(M)}$	B
	X	X		$QKZ_{W3(FK)}$	C
X	X			$QKZ_{W3(M)}$	B
X	X	X		$QKZ_{W3(M)}$	B
			X	QKZ_{W3}	D
100%-Prüfung				QKZ_{W3}	E

Tabelle W3
Übersicht der QKZ_{W3}-Ermittlungsform je nach Prüfung

Im Einzelfall muß die geeignete Auswahl getroffen werden. Die QKZ_{W3} je Beurteilungszeit $QKZ_{W3(B)}$ ist das arithmetische Mittel aller $QKZ_{W3(L)}$ des Beurteilungszeitraumes.

8.3.2.1 Berechnungsformel für Stichprobenprüfungen

$$QKZ_{W3} = \frac{100}{\left(\frac{100}{QKZ_{W3m}}\right)^{\left(\frac{\Delta p}{S_K}\right)^2}}$$

$\Delta p = p_{ist} - p_v$

$p_{ist} = \frac{i}{n} \cdot 100$, gefundener Fehlerprozentsatz

für $p_{ist} \leq p_v$ ist $QKZ_{W3} = 100$

p_v = vorgegebener Fehlerprozentsatz
S_K = Steilheitskennwert
QKZ_{W3m} = unterer Grenzwert für gute Lieferqualität

Der AQL-Wert berücksichtigt die Komplexität des Produktes und die Anforderungen an das Produkt. Daher werden p_v und S_K wie folgt gewählt:

$$p_v = S_K = \frac{1}{2} \text{ AQL}$$

8.3.2.2 Berechnungsformel für 100%-Prüfung

$$QKZ_{W3} = \frac{100}{\left(\frac{100}{QKZ_{W3m}}\right)^{\left(\frac{p'_{ist}-p_v}{S_K}\right)^2}}$$

$p_{ist} = p'_{ist}$ (Fehlerprozentsatz aus der 100%-Prüfung)

$p_v = S_K = \frac{1}{2} p'_G$

Für die Auswertung der Ergebnisse der 100%-Prüfung ist gemäß den Gesichtspunkten bei der Festlegung des AQL-Wertes ein unterer Grenzwert für gute Lieferqualität festzulegen, p'_G genannt.

Diese Festlegung wurde mit folgender Begründung getroffen: Fertigt nämlich der Lieferant mit einem mittleren Fehleranteil $\bar{p} = \frac{1}{2}$ AQL, dann erfüllen seine Produkte im allgemeinen die mit dem festgelegten AQL-Wert verbundenen Anforderungen. (Prinzip einer wirtschaftlichen Fertigung mit vertretbarem Lieferantenrisiko.)

In den folgenden Beispielen, die die verschiedenen Anwendungsfälle aus Tabelle W3 behandeln, wurde mit einem unteren Grenzwert für gute Lieferqualität $QKZ_{W3m} = 80$ gearbeitet.

8.3.2.3 Berechnungsformel für QKZ_{W3} je Beurteilungszeitraum

Die QKZ_{W3} je Beurteilungszeitraum errechnet sich aus den QKZ_{W3} je Lieferumfang.

$$QKZ_{W3(B)} = \frac{\text{Summe der } QKZ_{W3(L)} \text{ im Beurteilungszeitraum}}{\text{Anzahl der } QKZ_{W3(L)} \text{ im Beurteilungszeitraum}}$$

Die $QKZ_{W3(B)}$ je Beurteilungszeitraum ist der arithmetische Mittelwert der $QKZ_{W3(L)}$ je Lieferung.

8.3.3 Extremwerte

Bestes Qualitätsniveau: $OKZ_{W3} = 100$
Schlechtestes Qualitätsniveau: $QKZ_{W3} =$ geht gegen 0

8.3.4 Beispiele

Beispiel A

Berechnung der QKZ_{W3} aufgrund der Ergebnisse aus der Stichprobenprüfung bezogen auf den Anteil fehlerhafter Einheiten.

Liegen für die Stichprobenprüfung nur AQL-Werte für fehlerhafte Einheiten vor (keine AQL-Werte je Fehlerklasse oder je Merkmal) so ist bei der Bewertung folgendermaßen vorzugehen:

- mit der Anzahl fehlerhafter Einheiten i und dem Stichprobenumfang n ist der Anteil fehlerhafter Einheiten
  $$p_{ist} = \frac{i}{n} \cdot 100$$
  zu errechnen.

- mit $p_v = S_K = \frac{1}{2}$ AQL und

$$QKZ_{W3(L)} = \frac{100}{\left(\frac{p_{ist} - p_v}{S_K}\right)^2 \left(\frac{100}{80}\right)}$$

wird die $QKZ_{W3(L)}$ je Lieferung errechnet.

QKZ$_{W3}$ je Lieferung:

AQL	N	n-c	gefundene fehlerhafte Einheiten i	$p_{ist} = \frac{i}{n} \cdot 100$	$p_v = S_K = \frac{1}{2}$ AQL	QKZ$_{W3(L)}$
1,0	3000	125-3	1	0,8	0,5	92,3

Beispiel B

Berechnung der QKZ$_{W3}$ aufgrund der Ergebnisse der Stichprobenprüfung mit einem AQL-Wert je Merkmal.

Voraussetzung zur Beurteilung ist, daß alle Merkmale, die in der Prüfanweisung aufgeführt sind, geprüft werden. Liegt das Ergebnis der Prüfung eines Merkmals nicht vor, so darf keine Bewertung durchgeführt werden (eine QKZ$_{W3}$ ist nur dann mit einer anderen vergleichbar, wenn immer die gleichen Merkmale vollständig zur Berechnung herangezogen wurden).

Mit der in der Stichprobenprüfung gefundenen Anzahl fehlerhafter Einheiten je Merkmal i und dem Stichprobenumfang n wird der Fehlerprozentsatz $p_{ist} = \frac{i}{n} \cdot 100$ je Merkmal errechnet. In der in Unterabschnitt 8.3.2 vorgestellten Auswertungsformel werden S_K und p_v nun für die verschiedenen Merkmale bestimmt und mit dem Fehlerprozentsatz für jedes Merkmal eine QKZ$_{W3}$ errechnet. Die QKZ$_{W3(L)}$ ist der arithmetische Mittelwert der QKZ$_{W3(M)}$. Die QKZ$_{W3(B)}$ ist der arithmetische Mittelwert der QKZ$_{W3(L)}$, wobei das M aus QKZ$_{W3(M)}$ für „Merkmal" steht.

Merkmal	AQL	N	n-c	gefundene fehlerhafte Einheiten i	$p_{ist} = \frac{i}{n} \cdot 100$	$S_K = p_v$	QKZ$_{W3(M)}$
1	1,0	3000	125-3	1	0,8	0,5	92,3
2	0,4	3000	125-1	0	0	0,2	100
3	4,0	3000	125-10	3	2,4	2,0	99,1
4	1,0	3000	125-3	2	1,6	0,5	34,0

QKZ$_{W3}$ je Lieferung:

$$QKZ_{W3(L)} = \frac{92,3 + 100 + 99,1 + 34}{4} = \underline{\underline{81,4}}$$

Beispiel C

Berechnung der QKZ$_{W3}$ aufgrund der Ergebnisse aus der Stichprobenprüfung mit einem AQL-Wert je Fehlerklasse.

Liegen für die Stichprobenprüfung nur AQL-Werte für die Fehlerklassen „Hauptfehler" und „Nebenfehler" vor, so ist bei der Bewertung folgendermaßen vorzugehen:

- mit der Anzahl fehlerhafter Einheiten je Fehlerklasse i und dem Stichprobenumfang n ist der Anteil Fehler

$$p_{ist} = \frac{i}{n} \cdot 100$$

für jede Fehlerklasse zu bilden
- für die Fehlerklasse „Kritische Fehler" gibt es nur zwei Wertungen:
  - $QKZ_{W3(FK)} = 100$, wenn die Anzahl kritischer Fehler gleich 0 ist
  - $QKZ_{W3(FK)}$ und $QKZ_{W3(L)} = 0$, wenn die Anzahl kritischer Fehler größer als 0 ist
- aus den $QKZ_{W3(FK)}$ (je Fehlerklasse) wird durch arithmetische Mittelwertbildung die $QKZ_{W3(L)}$ je Lieferung errechnet.

Fehler-klasse	AQL	N	n-c	gefundene fehlerhafte Einheiten i	$p_{ist} = \frac{i}{n} \cdot 100$	$S_K = p_v$	$QKZ_{W3(FK)}$
Neben-fehler	2,5	1500	125-7	3	2,4	1,25	82,8
Haupt-fehler	1,0	1500	125-3	1	0,8	0,5	92,3
Kritische Fehler				0			100

QKZ_{W3} je Lieferung:

$$QKZ_{W3(L)} = \frac{92,3 + 82,8 + 100}{3} = \underline{\underline{91,7}}$$

Beispiel D

Berechnung der QKZ_{W3} aufgrund der Ergebnisse aus der Prüfung bezogen auf die „Anzahl Fehler je 100 Einheiten".

In bestimmten Fällen, besonders bei komplexen Erzeugnissen, können im Mittel mehr als ein Fehler pro Einheit auftreten. Dann wird das Prüfergebnis in „Anzahl Fehler je 100 Einheiten" angegeben. Die Festlegung des zugeordneten AQL-Wertes geschieht nach gleichen Grundsätzen wie bei Prüfung auf „Anteil fehlerhafter Einheiten". Benutzt man für die „Anzahl Fehler je 100 Einheiten" auch das Kurzzeichen p_{ist} und setzt gleichfalls

$$p_v = S_K = \frac{1}{2} AQL,$$

so bleibt die Auswertungsformel nach Unterabschnitt 8.3.2 unverändert.

QKZ_{W3} je Lieferung:

AQL	N	n-c	gefundene Fehler i	$p_{ist}\frac{i}{n} \cdot 100$	$p_v = S_K = \frac{1}{2}$ AQL	$QKZ_{W3(L)}$
1,0	3 000	125-3	1	0,8	0,5	92,3

Beispiel E

Berechnung der QKZ_{W3} aufgrund der Ergebnisse aus der 100%-Prüfung (siehe auch Abschnitte 8.1., 8.2. und 8.3.2.2).

Als QKZ_{W3m} wurde 80 vorgegeben.

QKZ_{W3} je Lieferung:

p'_G	N	gefundene Fehler i	$p_{ist}\frac{i}{n} \cdot 100$	$p_v = S_K = \frac{1}{2} p'_G$	$QKZ_{W3(L)}$
1,0	3 000	24	0,8	0,5	92,3

Beispiel F

Berechnung der QKZ_{W3} aufgrund der Prüfergebnisse aus Lieferungen mit geringen Stückzahlen

Lieferungen mit kleinen Stückzahlen, wie z. B. weniger als 5 Einheiten je Lieferung, wird man in Einzel- und Kleinserienfertigungen haben. Am zweckmäßigsten wird hier auf Anzahl Fehler je Fehlerklasse geprüft und die Kenngröße „Anzahl Fehler je 100 Einheiten" zur Berechnung herangezogen. Für jede Fehlerklasse sind geeignete AQL-Werte festzulegen. Die Berechnung der $QKZ_{W3(FK)}$ und der $QKZ_{W3(L)}$ erfolgt gemäß nachstehender Tabelle.

Dabei ist $p_v = S_K = \frac{1}{2}$ AQL und

$$p_{ist} = \frac{\text{Anzahl Fehler (je Fehlerklasse)}}{\text{Anzahl Prüflinge}} \cdot 100$$

Es ist sinnvoll, die Anzahl der Lieferungen zusätzlich zur $QKZ_{W3(B)}$ auszuweisen, weil die Aussagefähigkeit der QKZ_{W3} aufgrund der geringen zur Verfügung stehenden Prüfmenge begrenzt ist. Zur Auswahl von Lieferungen ist nur die QKZ_{W3} für einen Bezugszeitraum und nicht die einer einzelnen Lieferung heranzuziehen.

Liefe-rung	Anzahl Einheiten N	gefund.* kritische Fehler i	gefund. Haupt-Fehler H	$p_{ist} = \frac{i}{n} 100$	$QKZ_{W3(H)}$	gefund. Haupt-fehler N	$p_{ist} = \frac{i}{n} 100$	$QKZ_{W3(N)}$	$QKZ_{W3(L)}$
1	1	0	1	100	38,2	1	100	97,6	67,9
2	2	0	0	0	100	4	200	53,8	76,9
3	1	0	0	0	100	0	0	100	100
4	3	1	1	33,3	0	0	0	0	0
5	5	0	0	0	100	3	60	100	100
6	4	0	2	5	93,7	4	100	97,6	95,7
7	2	0	0	0	100	0	0	100	100
8	1	0	3	300	0	0	0	100	50
9	5	0	0	0	100	8	160	75,1	87,6
							Summe $QKZ_{W3(L)}$		678,1

*Ist die Anzahl kritischer Fehler größer als 0, so ist $QKZ_{W3(L)} = 0$ zu setzen.

$$QKZ_{W3(B)} = \frac{678,1}{9} = 75,3$$

Mit $AQL_{(L)} = 65$ daraus folgt: $p_v = S_K = 32,5$
und $AQL_{(N)} = 150$ daraus folgt: $p_v = S_K = 75$

8.4 QKZ-System W4

Dieses System ist anwendbar für die Bewertung der Serien- und Massenfertigung. Es erfüllt die Ausgangsbedingungen gemäß Spalte 10 der Entscheidungstabelle.

8.4.1 Systembeschreibung

Von allen in dieser DGQ-Schrift vorgestellten QKZ-Systemen zur Ermittlung der QKZ berücksichtigen nur die QKZ-Systeme W4 und W5 die Fehlerkosten.

Das QKZ-System W4 berücksichtigt
- Fehlerhäufigkeit
- interne Fehlerkosten

in einer Serien- und Massenfertigung (siehe Bild 8.1).

Das QKZ-System W4 ermöglicht bei geeigneter Festlegung der Parameter eine gute Bewertungsmöglichkeit im interessierenden Bereich. Durch Verknüpfung der Fehlerkostenangaben mit Fehlerhäufigkeitsangaben einer Ziffer wird eine gute Qualitätsbewertungsmöglichkeit geschaffen.

8.4.2 Berechnungsformel und Formelzeichen

$$QKZ_{W4} = \frac{K_H - K_A}{K_H} \cdot QKZ_{W1}$$

Die QKZ_{W1} ist im Unterabschnitt 8.1.2 erläutert.

K_H = Herstellkosten des vollständigen Loses
K_A = Fehlerkosten (Ausschuß- und Nacharbeitskosten)

8.4.3 Extremwerte

Bestes Qualitätsniveau: $QKZ_{W4} = 100$
Schlechtestes Qualitätsniveau: QKZ_{W4} = geht gegen 0

8.4.4 Beispiel

Es wurde entsprechend Unterabschnitt 8.1.4
$\quad QKZ_{W1A} = 94{,}8$
ermittelt.

Die Herstellkosten eines Loses betrugen
$\quad K_H = 5\,380{,}-$ DM

Es wurden Fehlerkosten in Höhe von
$\quad K_A = 891{,}-$ DM
festgestellt.

Aus $QKZ_{W4} = \dfrac{K_H - K_A}{K_H} \cdot QKZ_{W1A}$ folgt
$\quad QKZ_{W4} = \underline{\underline{79{,}1}}$

8.5 QKZ-System W5

Dieses System ist anwendbar für die Bewertung der Einzel- und Kleinserienfertigung. Es erfüllt die Ausgangsbedingungen gemäß Spalte 11 der Entscheidungstabelle.

8.5.1 Systembeschreibung

Das QKZ-System W5 verwendet für die Bewertung ausschließlich die internen Fehlerkosten. Voraussetzung für die Anwendung dieses Systems ist das Vorhandensein der arbeitsgangbezogenen Fehlerkosten und Herstellkosten je Einzelteil oder Erzeugnis (siehe Bild 8.1).

8.5.2 Berechnungsformel

$$QKZ_{W5} = 100 \cdot e^{-(\beta \cdot p_k)^2}$$

β = Spreizungsfaktor, der aus der Qualitätsbeobachtung über einen längeren Zeitraum bestimmt wird, um in einen günstigen Arbeitsbereich der QKZ zu gelangen.

p_k = Variable zur kostenmäßigen Bewertung des
— Arbeitsganges
— Einzelteils (Baugruppe)
— Erzeugnisses

8.5.2.1 Bewertung des Arbeitsganges

$$QKZ_{W5} = 100 \cdot e^{-(\beta \cdot p_k)^2}$$

$$p_{ki} = \frac{k_{fi}}{k_{vi}}$$

k_{fi} = im Arbeitsgang i zusätzlich durch Fehler entstandene Kosten (z. B. Nacharbeitskosten)

k_{vi} = für den Arbeitsgang i vorgegebene und errechnete Kosten, ohne daß ein Fehler auftritt.

8.5.2.2 Bewertung des Einzelteils oder Erzeugnisses

$$QKZ_{W5} = 100 \cdot e^{-(\beta \cdot p_{kges})^2}$$

$$p_{kges} = \frac{k_{fges}}{k_{vges}}$$

$k_{fges} = \sum_{i=1}^{n} k_{fi}$ Summe der in den Arbeitsgängen zusätzlich entstandenen Kosten

$k_{vges} = \sum_{i=1}^{n} k_{vi}$ Summe der für alle Arbeitsgänge im Falle fehlerfreier Fertigung vorgegebenen Kosten

8.5.3 Extremwerte

Bestes Qualitätsniveau: $QKZ_{W5} = 100$
Schlechtestes Qualitätsniveau: QKZ_{W5} = geht gegen 0

8.5.4 Beispiel

Berechnung der QKZ_{W5} eines in 7 Arbeitsgängen zu fertigenden Einzelteils.

Arbeitsgang-folgen AGF	Kosten pro fehlerfreiem Arbeitsgang k_{vi} [DM]	Ausschuß oder Nacharbeit	zusätzliche Kosten k_{fi} [DM]
1	100	–	–
2	50	–	–
3	120	N	100
4	500	–	–
5	50	N	80
6	100	–	–
7	80	N	40
	$k_{vges} = 1000$		$k_{fges} = 220$

In den Arbeitsgängen 3, 5 und 7 sind Fehler entstanden, die durch Nacharbeit beseitigt wurden. Für die einzelnen Arbeitsgänge und für das ganze Teil lassen sich die Variablen p_{ki} und p_{kges} ermitteln.

a) Berechnung der Variablen p_{ki}:

für AGF 3: $p_{k3} = \dfrac{k_{f3}}{k_{v3}} = 0{,}83$

für AGF 5: $p_{k5} = \dfrac{k_{f5}}{k_{v5}} = 1{,}60$

für AGF 7: $p_{k7} = \dfrac{k_{f7}}{k_{v7}} = 0{,}50$

b) Berechnung der Variablen $p_{kges} = \dfrac{k_{fges}}{k_{vges}} = 0{,}22$

Die QKZ_{W5} für die betreffenden Arbeitsgänge und das gesamte Teil heißen:

a) Arbeitsgang bezogen

$QKZ_{W5} = 100 \cdot e^{-(\beta \cdot p_{ki})^2}$

β = 1 gewählt

$QKZ_{W53} = \underline{50,2}$
$QKZ_{W55} = \underline{7,7}$
$QKZ_{W57} = \underline{77,8}$

b) Teile bezogen

$QKZ_{W5ges} = 100 \cdot e^{-(\beta \cdot p_{kges})^2}$

β = 1 gewählt

$QKZ_{W5ges} = \underline{\underline{95,2}}$

Literatur

DGQ-Schriftenreihe

DGQ 11-04	Begriffe im Bereich der Qualitätssicherung, 4. Auflage 1987
DGQ 14-17	Qualitätskosten, Rahmenempfehlungen zu ihrer Definition, Erfassung und Beurteilung, 5. Auflage 1985

VDA-Schriftenreihe

Qualitätskontrolle in der Automobilindustrie

Band 2:	Sicherung der Qualität von Lieferungen in der Automobilindustrie, Lieferantenbewertung, Erstmusterprüfung

Sonstige Veröffentlichungen

H. Kleeberg	Qualitätskennziffer – Maßstab zur Qualitätsbewertung Qualität und Zuverlässigkeit, Heft 5/75
U. Nebe	Kritische Untersuchung der Qualitätsbewertung Teil 1: Qualität und Zuverlässigkeit, Heft 8/74 Teil 2: Qualität und Zuverlässigkeit, Heft 3/75 Methoden zur Qualitätsbewertung und Vergleich unterschiedlicher Produktionsstätten, Produktionseinheiten, der Produktplanung und Produktionssteuerung Dissertation TU Braunschweig, Nov. 1976
F. Nißl, Ch. Ranke	Bewertung der Ausführungsqualität komplexer Produkte Qualität und Zuverlässigkeit, Heft 7/81
F. Goubeaud	„Braucht die Normung als Hilfsmittel der Qualitätskontrolle eine Zielsetzung?", Qualitätskontrolle Heft 12/1961
L. Sachs	Angewandte Statistik, Springer Verlag 1978, Seite 298 ff.
Graf/Henning/ Stange/Wilrich	Formeln und Tabellen der angewandten mathematischen Statistik, 3. Auflage, Springer Verlag 1987
E. Rissmann/ H. Radtke	Interne Veröffentlichung im Hause AEG-Telefunken 1980 zum Thema Qualitätskennzahlen